新・法と現代社会
〔改訂版〕

三室堯麿【編】

法律文化社

はしがき

　法学という漠然とした法領域を半年間あるいは1年間の講義で論じることは，非常に困難なことである。どこにウェイトをおいて講義するかによって，その内容もまったく異なったものになる。また，法律に携わる一領域の専門家が，法律全般にわたって論ずることは困難であり，また論じてもその内容は偏ったものにならざるをえない。

　本書は，法律の基礎的理論に加えて広い法領域を取り入れるために，各法領域の専門家による共同執筆の形式をとり，学問的水準の高さを保ちつつ平易に解説する努力を図っている。

　このたびの改訂では，最近の法改正に十分対応するように努めるとともに，不幸にも逝去された出版当初からの執筆者に代わって新たな執筆者に加わってもらい，より斬新な内容となることを目指している。

　本書が，法律の勉強をはじめようとする人および法律をはじめて学ぶ学生諸君にとって，法律感覚の育成と法律的基礎知識の把握のために，少しでも役立てば幸いである。

　なお，本書の執筆にあたり多くの著書からご教示を受けたが，紙数の都合などから個別に引用を表示できなかったため，巻末に参考文献として一括して掲げさせていただいた。

　最後に，多忙な時間をさいてこころよくご協力くださった執筆者各位に心からお礼を申し上げる次第である。

2019年3月

編者　三室　堯麿

目　次

はしがき

第Ⅰ部　法　　学

第1章　序　　論 ……………………………………… 3
　1　法学の意義　*3*
　2　社会あるところ法あり　*4*

第2章　法の概念 ……………………………………… 6
　1　法とは何か　*6*
　2　法と他の社会規範　*9*

第3章　権利と義務 …………………………………… 14
　1　序　　説　*14*
　2　権利の概念　*15*
　3　権利の分類　*17*
　4　義務の概念　*25*
　5　権利と義務の関係　*26*

第4章　財産と法 ……………………………………… 28
　1　契約の成立とその種類　*28*
　2　移転型の契約　*30*
　3　貸借型の契約　*32*
　4　他人の役務の利用を目的とする契約　*33*
　5　契約によらない財産権の変動　*34*
　6　財産権の侵害に対する保護　*35*
　7　不当利得・不法行為に対する救済　*37*

8　債権の担保　*37*

第5章　親族と法 … *41*
　　　1　親族法の意義と特質　*41*
　　　2　親族関係　*41*
　　　3　婚　　姻　*44*
　　　4　親　　子　*50*
　　　5　後見，保佐および補助　*56*
　　　6　扶　　養　*58*

第6章　相続と法 … *60*
　　　1　相続の意義　*60*
　　　2　相続人の範囲と順位　*60*
　　　3　相　続　分　*61*
　　　4　相続欠格　*63*
　　　5　相続人の廃除　*64*
　　　6　相続の承認と放棄　*64*
　　　7　相続人の不存在　*65*
　　　8　遺　留　分　*66*
　　　9　遺　　言　*67*

第7章　企業と法 … *70*
　　　1　序　　論　*70*
　　　2　会社の経済的機能　*70*
　　　3　会社の概念　*71*
　　　4　会社の能力　*73*
　　　5　会社の種類・分類　*75*
　　　6　株式会社の特質　*79*
　　　7　株　　式　*80*
　　　8　会社の機関　*85*

第8章　労働と法 …………………………………………… 92

1　労働法の意義　*92*
2　個別的労働関係法　*93*
3　集合的労使関係法　*114*
4　個別的労使紛争の解決手続　*117*

第9章　税金と法 …………………………………………… 118

1　租税の意義と機能　*118*
2　租税民主主義と租税の基本原則　*119*
3　租税の分類　*122*
4　国家財政とプライマリーバランス　*123*
5　今後の展望と課題　*127*

第10章　犯罪と法 ………………………………………… 129

1　罪刑法定主義　*129*
2　犯　罪　*130*
3　刑罰の種類　*132*
4　刑罰の本質，目的　*134*

第II部　日本国憲法

第11章　日本国憲法 ……………………………………… 139

1　憲法の意義　*139*
2　天　皇　*140*
3　戦争の放棄　*141*
4　人権総論　*143*
5　人権各論　*146*
6　参政権　*157*
7　国　会　*159*

  8 　内　　閣　*164*
  9 　裁 判 所　*168*
  10　地方自治　*171*

参考文献……………………………………………………*173*
索　引………………………………………………………*177*

凡　例

1．法令名の表記について
かっこ内で法令名と条項数を示す場合は，略称し，条項数を付した。

＊主要な法令

会社	：会社法	借地借家	：借地借家法	不正競争	：不正競争防止法
家事	：家事事件手続法	少	：少年法	民	：民法
行訴	：行政事件訴訟法	商	：商法	民執	：民事執行法
警察	：警察法	地方自治	：地方自治法	労基	：労働基準法
刑	：刑法	著作権	：著作権法	労組	：労働組合法
戸籍	：戸籍法	道交	：道路交通法	労契	：労働契約法
国会	：国会法	内閣	：内閣法	労派遣	：労働者派遣法
最賃	：最低賃金法	憲	：日本国憲法	労審	：労働審判法
自衛隊	：自衛隊法	破	：破産法		

2．判例の表記について
判例の略記方法は以下のとおりである。

最大判昭48・12・12民集27・11・1536＝最高裁判所大法廷昭和48年12月12日判決
　　　　　　　　　　　　　　　　　　最高裁判所民事判例集27巻11号1536頁

＊裁判の略称

大判(決)	：大審院判決(決定)	高判(決)	：高等裁判所判決(決定)
最判(決)	：最高裁判所判決(決定)	地判(決)	：地方裁判所判決(決定)
最大判(決)	：最高裁判所大法廷判決(決定)		

＊判例集・法律雑誌の略称

民録	：大審院民事判決録	刑集	：大審院刑事判例集，
民集	：大審院民事判例集，		最高裁判所刑事判例集
	最高裁判所民事判例集	高民集	：高等裁判所民事判例集
集民	：最高裁判所裁判集民事	判時	：判例時報
行集	：行政事件裁判例集	曹時	：法曹時報

第Ⅰ部　法　　　学

第1章　序　　論

1　法学の意義

　法学（法律学とも呼ぶ）という言葉は幅広い概念であり，いろいろな意味に使用されている。最広義では，法哲学・法社会学などを含めた法に関する一切の学問を意味し，最狭義では，法解釈学すなわち現行法規の解釈・適用に関する学問を意味する。しかし，ここにいう法学は，多少意味あいを異にし，法および法学の基本的事項について，体系的・総合的に考察する学問を意味し，良識ある社会人として必要な法的知識を身につけることを目的としている。

　今日の現代社会の中におけるわれわれの日常の社会生活は，法の定める枠の中で営まれている。したがって，われわれは，意識すると否とにかかわらず法に従って生きているのであり，法を離れての社会生活は考えられず，また，法的知識なしに生きてゆくことは非常に難しい状態にある。たとえば，通学・通勤に電車・バスを利用し，スーパーマーケットで買物をし，本屋で本を購入するという日常の行為は，いずれも法律行為であり，電車代・バス代，買物代，本代を支払うことは法律上の義務となっている。また，土地等の不動産を取得した者は，自分名義の移転登記をしないときは法の保護を受けられないときもあり，婚姻もその届出をしないときは内縁の夫婦にすぎず，法律上の夫婦とは認められないため多くの不利益を受けることになる。

　このように，われわれが常に法のもとで日常生活をしているという事実からして，法学の必要性は容易に認められるが，とりわけ，われわれが現在最良の政治形態と考えられている民主政治の社会に生きており，真の民主政治は，国民の総意によって制定された法による政治を求めていることにある。現実には，悪法も法としての効力をもち存在する場合がある。われわれが生活している社会をより良いものとするためには，社会の構成員であるわれわれ一人一人が，法について正しい考え方を身につけることが必要である。現実に行われて

いる法を正しく評価し，どのようにあるべきかの判断を下すことができるだけの法的知識を身につけることは，現代社会に生きるわれわれの公民としての義務であり，また，大学において法学を学ぶ意義もここにあるといえる。

2　社会あるところ法あり

「人間は社会的動物であり，生まれながらにして非社会的な人というものがあるとすれば，それは人以上のものであるか，鬼畜である」とはアリストテレス（Aristoteles）の言葉であるが，人間は，まさに社会的動物であり，社会に生まれ，社会に生活し，社会から死んでゆく社会的存在であり，社会を離れての人間の生活は考えられない。ヴィノグラドフ（Vinogradoff, P. G.）の「社会的交渉は，人間にとって自然の命ずるところである」との言葉のとおり，社会生活は，人間にとって自然的・運命的現象であるということができる。

人間は，一人で生活できるものではなく，ギールケ（Gierke, O.）の「人の人たるゆえんは，人と人との結合にあり」との言葉のとおり，相集まり社会的な共同生活を営むことにより，その生存をまっとうすることができるのである。したがって，『ロビンソン・クルーソー漂流記』にみられるような孤島の一人暮らしは現実的なものではなく，このような事例があったとしても，それはまったく例外的なことであり，人間存在の一型態として取り上げるほどの一般性をもつものではない。もともと「人間」という言葉は，「人の間」すなわち親子・夫婦・友人というような人と人との間柄（社会関係）を意味するものとみることができ，社会ないし他人を離れては存在することのできない人間というもののあり方を示しているということができる。

このように，人間と社会とは必然的に結びついており，人間の生活は常に社会生活を意味するものであるが，この人間の社会生活が円満に維持されるためには，その社会の構成員である人間に対して，「為すべきこと」と「為すべからざること」を指示する行為の準則が不可欠となる。人間は，本質的には社会的である反面，利己的・反社会的な性質を有することも否定できず，人間をその欲望のままに行動させると，その社会は，ホッブス（Hobbes, T.）のいう「万

人の万人に対する闘争」の場となり，弱肉強食のアナーキーが出現することになる。社会生活の円満な維持・発展のために，人間の行動に一定の限界を設けるこの行為の準則を社会規範という。社会生活は，それが大きくとも小さくとも，またどのような目的をもつものであれ，その社会の成立ないし存立の条件として，そこに一定の秩序をもたらす社会規範が存在する。したがって，この社会規範を法の意味に解するならば，「社会あるところ法あり，法あるところ社会あり（Ubi societas ibi ius, ubi ius ibi societas）」ということわざは，そのまま認められることになる。たとえ不法の社会（たとえば，テロ集団・暴力団など）であっても，その社会の秩序維持を目的とする行為の準則があり，それがその社会の法となる。しかし，われわれが法というときは，このような包括的意義における社会規範を意味するのではなく，社会規範のうち，一定の手続きを経て成立する特定のものを指すのである。

第2章 法の概念

1 法とは何か

　法（Law, Recht, droi）とは何であるか。「ニュートンの法則」のような自然法則とは本質的に異なる。宗教，道徳，倫理，習俗などの社会規範の一種ではあるが，法はこれらの社会規範と同じものでもない。

　「法律家は今日もなお彼等の法の普遍的定義を探し求めている」とカント（Kant, I.）もいっているように，「法とは何か」，「法の普遍的定義とは」という問題は，法哲学の領域にもかかわる問題でもあり，法学における中心的・根本的な問題として，現代に至るまで多くの法学者，哲学者により解明が試みられてきた。

　古くは，「法の任務は，裁判官をしてその職務を遂行し，犯罪者を処罰する際の行為を指示するにある」（アリストテレス）とか「法とは，ひとりの意欲が他人の意欲と自由の普遍法則に従って結合されうるための諸条件の総体である」（カント）とかがあり，わが国においても，「法律（法）ハ社会生活規範ガ社会力特ニ国家権力ニヨッテ強行セラルモノヲ謂フ」（穂積重遠）とか「法規範とは，政治的に組織された社会のその成員によって一般的に承認され，かつ究極において物理的強制力によってささえられた支配機構によって定立され，または直接的に強制される規範である」（碧海純一）といった様々な見解が存在している。これは，法の定義づけが，学者の観点の違いにより様々な解釈がなされているためであり，その結果，いまだに法の普遍的定義がなされていないのである。

　しかし，どんなに難しい問題であっても，法学を学習するにあたっては，その学習対象である「法」がいかなるものであるかについて，一応理解することは必要である。そこで，わが国の多くの学者が主張するところの共通点をまとめ，一応の考察を試みてみよう。

（1）法は規範である

　法は，われわれの社会生活を規律する規範であるといわれている。それでは規範とはどのようなものであるか。

　規範（Norm）とは，人に対して一定の行為を「為すべきである（命令）」，「為すべきではない（禁止）」というように，人が社会生活を営む場合における行為の準則を定めたものである。哲学上では，このような「為すべきである（命令）」，「為すべきではない（禁止）」という概念を「当為」（Sollen：ought）と表現している。したがって，規範は人間にあるべき行為を要求する「当為の法則」である。しかし，法則といっても自然界に存在している現象を支配する法則とは本質的に異なる。この法則は，「水は高い所（原因）から低い所へ流れる（結果）」というような原因と結果（因果）の関係を支配する法則であり，このような因果の関係を哲学上では「在る（あること）」（Sein：to be）と表現している。すなわち「存在の法則」である。存在の法則の代表的なものが「自然の法則」であり，存在している世界において，常にそうあるべき必然的な（～にちがいない）法則である。したがって，もし水が，低い所から高い所へ流れるようなことがあれば，もはや自然の法則ではなくなるのに対して，当為の法則は，人が規範に背く行為をしたからといって，その存在が否定されるものでない。なぜなら，規範は人の自由意思を前提とし，人に対する「当為」を定めている法則であり，はじめからそれに反する背反行為を予想しているのであるから，背反行為があったからといって規範でなくなることはない。規範は「当為の法則」ではあるが，われわれが一般に頭に浮かぶ法則とは本質的に異なるものである。

　このように法は，人間の社会生活における行動に一定の限界を定めるところの規範，すなわち行為の規範である。人に対する行為の規範であるということは，人が規範に反する背反行為をしてやろうという意思，たとえば「物を盗んでやろう」という意思をもっていたとしても，その意思自体を規律の対象とするものでなく，人が自分の意思に基づいて現実的に背反行為を行った場合にのみこれを規律するということである。行為との関連性において故意・過失，善意・悪意とか内面的な意思を問題とすることはあるが，現実的な行為を伴わない内面的な意思だけを問題とすることはない。

法は，人々が社会生活の秩序を維持しつつ共同生活を営んでいくために，人々の行為の準則を定めたもの，すなわち社会規範であり，社会規範といわれるものには，法のほか，道徳，宗教，習俗などの規範がある。

(2) 法は強制規範である

　「人は社会的動物である」（アリストテレス）とか「人の人たるゆえんは，人と人との結合にあり」（ギールケ）とかいわれているように，人は他の人々と孤立無縁には生活することはできず，他の人々と協力し種々の団体（家族，市町村，国家，国際団体など）を構成して共同生活を営んでいる。そこで，人々の社会共同生活の秩序を維持するために，これらの共同生活を構成する人々の関係を規律する社会規範としての法が，必要となってくる。「社会あるところ法あり」という格言が示すように，人がそれぞれ自分勝手な行動をすれば，秩序ある社会生活は維持されず，これを規律する規範が存在して，はじめて秩序ある社会生活が維持されるのである。

　この秩序ある社会生活の維持が実現されるためには，法が統一的に行われ，強制力と結びつき，強行されねばならない。これは国家権力により実現される。それゆえ法は，社会における利害の対立や争いを調整し一定の秩序を維持するため，国家権力を背景にした実効的な規範でなければならない。すなわち，法は国家権力により維持・強制される規範，強制規範である。したがって，法に違反する者は，一定の不利益や制裁（刑罰や強制執行）を受けることになる。法は，人々にその遵守を強制する国家的な規範である。

　以上のことから，法とは規範であり自然因果の法則とは本質的に異なること，人に対する行為の規範であること，法が国家権力により実現される強制規範であることなどが理解できたであろう。

　ともあれ，法は規範として人々が社会生活を営んでいくための筋道を定め，社会の構成員である人々の行動に一定の限界を設けそれを義務づけ，人々の関係を調整し，法に背く者に対して強制的効果を加えて，生活秩序の安定を維持していくものである。

2　法と他の社会規範

　前述したように，人の社会生活を規律する社会規範といわれるものには，法のほか道徳・宗教・習俗などの各種の社会規範が存在する。原始社会の時代においては，社会生活は宗教と密接な関係にあった慣習によって支配され，道徳や法というような規範が明確に分化することなく混在し，原始規範としての習俗の中に含まれて行われていたものであるが，社会の進歩発達に伴って慣習から道徳が，道徳から法が別個の規範として分化し，法も独立した社会規範として認められるに至ったのである。

　これら社会規範は，いずれも人々の社会生活を規律し，秩序を維持しようとするものであり，相互に密接不可分の関連性を有するものである。したがって，法規範と他の規範との相違や関係を明確に区別する概念については，見解の対立が著しいところである。以下においては，法概念についての理解を高めるために法規範と他の社会規範の相違や関係を概観することとする。

(1) 法と道徳
(a) 法と道徳との差異

　法と道徳の区別に関する見解は，数多く見られる。以下に掲げる見解は，その主要なものである。

　(i) 法は外部の行為に関心をもち，道徳は内心の意思に関心をもつとする説（対象説）　法と道徳とは，その規律する対象を異にするという見解である。法は外部的にあらわれた行為を規律の対象とし，道徳は内心的挙止を規律の対象とするという見解であり，さらにこの見解によれば，法は行為に向けられたものであり，道徳は心情に向けられたものであるとする。たとえば，人の物を盗んでやろうと思っても，それが外部的行為として出ることがなければ，法に反することにはならないが，そのように思っただけで，行為として外部に出なくても道徳には反する。このように，法と道徳とはその関心の対象を異にするというのである。

(ⅱ) 法と道徳とは，その行われる基盤を異にするとする説（基盤説）　法は社会生活を合理的に調整するための人に対する社会生活規範であり，道徳は個人生活の規範であることを前提として，その基盤に違いがあるとする見解である。規範を法の社会性・対他性と，道徳の個人性・対自性に分け，法は社会生活における秩序維持に，道徳は個人生活における人格の完成に，その目的があるとする。

(ⅲ) 法は双面的であるが，道徳は片面的であるとする説（関係説）　法は，権利と義務の対立的双面関係性をもっているが，道徳は片面的な義務拘束性しかもっていないとする見解である。たとえば，買主の代金支払義務に対しては，それに対応する売主の代金支払請求権があるが，道徳上の義務には，それに対応する権利が存在しない。

(ⅳ) 法は強制を伴うが道徳は強制を伴わないとする説（強制性説）　法は国家権力により強行される強制規範であり，これに違反する者に対して権力的制裁を科し法に服従するように強制を加える。たとえば「人を殺した者は，死刑又は無期若しくは5年以上の懲役に処する」（刑199条）の規定は，「人を殺してはならない」という規範を前提として，この規範に違反した者に対し刑罰を科することにより，その違反をなくすように人々に強制するものである。「親孝行をしろ」，「老人を大切に」という道徳は，立派な社会規範であるが，これに従うか否かは人の良心に委ねられており，その遵守を外部から強制する方法もなく，またこれに背いても不道徳者として社会的非難が加えられるだけである。この考え方が，今日の通説といわれている。

(ⅴ) 法と道徳とはその性質を同じくし，ただ規律する領域の大きさを異にするだけであるとする説（領域説）　これは，法と道徳の適用領域についての相違点に着目した考え方である。法は道徳（倫理）の最小限であり，不法は常に不道徳であるが，不道徳は必ずしも不法にはならないとするのである。

法と道徳の差異については，これらのほかにも，法は経験的な規範であり，道徳は先駆的な規範であるとする説（根拠説），法は事実的なものを基礎とした規範であり，道徳は理想的なものを基礎とした規範であるとする説（基準説）などの種々の見解があるが，いずれもそれなりの根拠をもつものであるから，

法と道徳の差異についての理解は、すべての主張を統合することにより、可能となるのである。

(b) 法と道徳の関係

これまでの考察により、一応法と道徳の差異を知ることはできたが、決して法と道徳が無関係であることを意味するものではない。むしろ、法と道徳は、その区別にもかかわらず、互いに密接な関連がある。

道徳とは、「人が一定の社会で、その成員相互間の行為を規制するものとして、一般に承認されている規範の総体」であり、人に良い行為の基準を与えるものである。したがって、法の中には、その内容において道徳規範と同一性を有するものが少なくない。たとえば、刑法における「人を殺してはならない」、「他人の物を盗んではならない」などは、法規範であると同時に道徳規範でもある。イェリネック（Jellinek, G.）がいうところの「最小限度の道徳」といわれるゆえんである。また、法規範の中には、道徳規範そのものや、道徳的要求をその内容とするものが多く存在する。「直系血族及び同居の親族は、互に扶け合わなければならない」（民730条）の規定は、まさに道徳規範そのものであり、さらに、「権利の行使及び義務の履行は、信義に従い誠実に行わなければならない」（民1条2項）、「公の秩序又は善良の風俗に反する法律行為は、無効とする」（民90条）などの私法上の原則は、道徳的義務を内容とするものにほかならない。

しかし、法の中には、その内容においてあまり道徳と関係のないものもある。たとえば、「歩行者は、歩道（中略）と車道の区別のない道路においては、道路の右側端に寄って通行しなければならない」（道交10条1項）の規定によれば、歩行者は右側通行とされているが、これは交通整理のために設けられた技術的規範である。ほかにも、「年齢20歳をもって、成人とする」（民4条）、「株式会社には、1人又は2人以上の取締役を置かなければならない」（会社326条1項）の規定や手形法・小切手法の規定、訴訟手続を定めた法の規定、国家機関の組織を定める法の規定なども、道徳とは無関係である。

さらに、道徳に反する行為が法的に是認される場合もある。「書面によらない贈与は、各当事者が撤回することができる」（民550条）の規定のように、道徳的には口約束を守らない者は「不道徳者」となるが、法はこのような契約を

一方的に取消してよいとしている。しかし，このように道徳的色彩をもたない法であっても，法である以上は，それに従うことが道徳となる。

このように，法と道徳とは相互に補完的な協力関係にあり，両者の協力があってこそ真の効果がある。道徳は，法の裏づけを必要とし，法は道徳的意識を必要とする。すなわち法は，道徳による裏づけがあってこそ秩序ある社会生活維持の目的を達成できる。したがって，社会的道徳意識に反するような法であってはならない。

（2）法と宗教

本来，宗教とは人の心の拠り所であり，個人的規範にすぎない。しかし，「人を殺すなかれ」，「姦淫することなかれ」といった宗教規範が法的規範として強制力をもつようになることもある。法と宗教の区別の基準はどこにあるのか。

宗教は，絶対者・無限者である神仏の超自然的恩寵に導かれることによって，人生に生起する苦悩（生老病死の苦）が取り除かれると信ずる個人的・内面的心情から生まれる。すなわち，宗教の本質は個人の絶対者としての神または仏に対する帰依であり，それは，信仰の世界である。しかし，個人が自己の帰依する神仏を見出すに至ったときに，他人を同一信仰に導き入れて，互いにその神仏の恩寵に浴せしめたいと希（こいねが）うものであり，そこに信者が団結し，教義が形成され，秩序が構成されるに至る。そこで，宗教は社会的となり，法と交渉するようになる。

この法と宗教が明瞭に区別されるようになったのは，近世に入ってからであるが，その区別は，宗教がそれを信ずる各人の信仰に基づいて成立し，維持されるものであるのに対し，法は国家権力によって維持されるものである点に求められる。すなわち，国家権力による維持・強行の有無が，区別の基準となる。

（3）法と習俗

習俗とは，習慣・慣習・慣行・風俗などとも呼ばれるもので，一定の社会における人々の一定の行動が，一定の範囲の人々の間で長い間行われた結果，その範囲内の人々をして，これに準拠して行動しなければならないという意識を

無意識に生ぜしめる社会規範，生活形式上のしきたりである。習俗は，現実の生活の中から自然発生的に生まれる社会規範であり，常に事実的なものの上に成立するものであるから，法，道徳，宗教などに比して，理想的要素はきわめて稀薄であり，必ずしも「正しい」という理念はもっていない。

　前述したように，原始社会においては，習俗がいわゆる原始規範として，すべての生活関係を規律していたが，社会の進化につれて，漸次，この習俗の中から，法，道徳，宗教などの諸規範が分化し，独立してきた。しかし，分化した後も，これらの諸規範は，絶えず習俗をその体系の中に摂取しているのであり，したがって，今日もなお，習俗はこれらの諸規範に大きな影響を及ぼしているのである。

　法と習俗の区別は，法も習俗も外面的な社会規範ではあるが，習俗が，一般常識や社会通念により支えられ，それに背く者に対する世間の非難というような非組織的社会力により，その実効性を保障されるものであるのに対し，法は，国家権力（組織的社会力）によって，その実効性を保障されるという点に求められる。

第3章　権利と義務

1　序　　説

　近代社会においては，われわれの社会生活関係はきわめて複雑なものである。このような社会生活関係はこれを2つに大別することができる。1つは法の支配を受けるものと，他はそうでないもの，すなわち，たんに道徳，宗教，風習などの規制を受けるにすぎないものとである。このうち，前者のように，われわれの生活関係が法の規制対象となっている場合は，それを権利・義務の関係としてとらえている。これを法関係（または法律関係）と呼んでいる。特に取引行為などの分野には，法は積極的に介入する。後者は，事実関係またはたんなる生活関係といわれ，たとえば友情とか恋愛などのように，もともと法の適用に親しまない生活関係である。このように，法関係が成り立つためには，必ず法が存在することと，人類としての現実の社会生活がなければならない。そして，法が人類の社会生活を規制するためには，一面において関係当事者の一方を保護し，他面においてその相手方を拘束するという姿勢をとるのが普通である。この法の保護を権利といい，法の拘束を義務という。このように，権利と義務は法関係の両側面をいいあらわしているのであって，法関係は権利，義務の関係であるということができる。法と権利（義務）との関係は，表裏一体をなしている。たとえば金や物の貸主と借主との関係は，貸主の側からみれば債権という権利，すなわち利益を享受することになる。ところでこのような権利（債権）は，民法（債権法）という一般的，客観的な法があって，そこから出てくるのであるから，貸主の地位は，一般的，客観的な面からみれば債権法であり，利益を享受する当事者（貸主）としての主観的，主体的な面からみれば債権という権利になる。このように，いわば同じ地位が利益を享受するという主観的，主体的な面からは権利となり，その利益を保証している一般的，客観的な権利からみれば法なのである。ラテン語の jus という言葉は，客観的意義で

は法を，主観的意義では権利の，両方を意味する言葉であったといわれる（船田亨二『ローマ法入門』〔有斐閣，1953 年〕45 頁）。また，ドイツ語では Recht という言葉が，法と権利の両方を意味するものとして使われる。しかし，近代法はあらゆる法律関係をもっぱら権利の面からとらえているから，権利は法および法学の中心概念であるということができる。

2　権利の概念

権利とは何か，この権利の本質に関しては，従来，いろいろな学説が唱えられているが，次にその主要な学説について概観してみよう。

(1) 権利の本質に関する学説
(a) 意思説
サヴィニー（Savigny, F. C.）やウィンドシャイド（Windscheid, B.）などが唱えた説であって，権利とは，法によって認められた意思の自由あるいは意思の支配であるとする。これはカントやヘーゲルなどの自由意思論の流れを汲むものである。しかし，この説に対しては，権利を行使するには意思力を必要とするけれども，意思力は権利行使の手段であって，権利の本体ではないとの批判が提起されている。すなわち，この説では，意思能力のない幼児や心神喪失者などが権利を取得し，または人が無意識のうちに権利者となりうることの説明ができないという弱点がある。

(b) 利益説
この説は，イェーリング（Jhering, R.）やデルンブルク（Dernburg, H.）などが唱えたもので，権利の本質は，法によって保護された権利あるいは，法によって個人に帰属する生活財であるとする。この説によると，権利の主体は常に受益の主体そのものであるから，必ずしも意思の主体と同一であることは必要ではないと考えるがゆえに，意思無能力者も権利の主体となるし，また無意識の間の権利取得についてもその理由づけが容易となる。この点で意思説の弱点を補うことができるのである。しかし，この説に対しては，利益そのものが権利

であると考えるところに欠陥があるといえよう。なぜならば，利益は権利の目的であって，権利自体ではないからである。この点で，この説は，目的と本質とを混同しているとか，あるいは，たんに法の作用による反射利益（たとえば，保護貿易によって国内の企業が受ける利益など）を受ける者までが利益の主体となって広きにすぎる，などの批判が加えられている。

(c) 折 衷 説

上の2説を折衷して，権利の要素を意思と利益の2つであると考え，権利の本質は，利益を保護するために法が認めた意思の力，または法が人の意思力を認めることによって保護される財貨（または利益）であるとする。イェリネックなどが唱えたものである。しかし，この説は，意思説と利益説の折衷であるかぎりにおいて，それぞれ両説に対すると同様な非難を受けることになろう。

(d) 法 力 説

メルケル（Merkel, A.）をはじめ多くの学者が唱える権利とは，個人の生活上の利益を保護し，享受させるために認めた法律上の力であるとする。今日では，この法力説が権利の本質についての通説として支持されている。

(2) 権利の概念

さて，法力説の観点から権利の本質を考察してみると次のようになる。権利とは，社会生活における一定の利益を受けさせるために法によって人に与えられた力である。これにつき，以下に分説する。

① 「権利は法律上の力である」。これは，物理的な力とか事実上なしうるという意味ではなく法律上主張できる力ということで，法上の許容ないしは可能性の意味である。

② 「権利の内容は一定の利益である」。このように権利の目的となる利益すなわち人間が社会生活を維持し，向上させるための生活利益一般を法益という。法益は必ずしも財産上の利益にかぎらない。生命，身体，名誉，貞操，自由などのような非財産上の利益もまた法益となりうる。

以上のことを具体的に考えてみよう。たとえば，借りた金は返還しなければならない，という法規範がある。これは，金を借りた者に対して返すことを命

じていると同時に，他方，貸主に対しては，返してもらえるという期待をもたせていることにもなる。このことは貸主の側から返還を請求できるということを意味している。この場合のできるというのは法上の可能性，法上の力を意味している。もし借りた者が返さなければ，貸主は，返してもらえるという権利（利益）を力（法律によって与えられた力）によって実現することができることになる。

3　権利の分類

　権利は，いろいろな標準によって分類することができるが，ここでは，そのうちの主要な分類について順次説明することにしよう。

(1) 公　　権
　公権とは，公法上の権利であり，国際法上の公権と国内法上の公権とに分類できる。
　(a)　国際法上の公権
　これは，ある国家が存立していくために他の国家に対して有する国際法上の権利で，そのうちの主要なものについて述べよう。
　(i)　独立権　　国家が国際法の範囲内で，他国からの干渉を受けることなく，自己の意思に従って独自に行動できる権利である。この権利の侵害は国際法上の不法行為となる。
　(ii)　平等権　　国家が国際法上，相互間において平等に取り扱われ，等しく権利義務を享有しうる地位にあるという意味の権利である。もっとも，国際連合の安全保障理事会における大国の拒否権などの例外もある。
　(iii)　自衛権　　国際法上保護されている自国の利益が，他国からの急迫不正の攻撃で侵害された場合，この侵害に対し反撃を加えるなど自救手段を用いてこれを排除し，自国の法益を守る権利である。この権利の行使はあくまでも「自国を防衛するに必要な限度」の範囲でなければならない。
　(iv)　交通権　　国家が他の国家と外交関係を維持しうる権利である。ある国

家が特定の事項について外交交渉を希望するときには，その相手国は正当な理由がなければこれを拒否することはできないことになる。この交通権は，具体的には外交上，通商上の交通権，郵便・電信・鉄道による交通権，さらに外国へ旅行し，居住する権利などが含まれている。

(b) **国内法上の公権**

国内法上の公権は，国家のもつ公権と国民のもつ公権に区分できる。

(ⅰ) **国家公権** 国家および公共団体がその存立を維持し，その構成員である国民を統治するために有する権利である。これは統治としての機能の面から，立法権・司法権・行政権の3権に大きく分かれ，あるいはその権利の目的によってその具体的内容を組織権・法政権・刑罰権・警察権・財政権などに細分することになる。

(ⅱ) **国民公権** 国民が国家および公共団体に対して有する権利である。これは，通常，基本的人権（たんに人権ともいう）といわれ，近代憲法がほとんど例外なく保障するきわめて重要な権利である。この人権については，イェリネックが，その著『公権の体系』の中で国家における国民の地位を次のように分類している。その第1は「受動的地位」である。これは，国民個人は国家権力に服従すべき関係にあるということを意味し，この関係（地位）から国民が国家に対し負うべき義務が発生するのである。第2は「消極的地位」である。これは国民個人が，国家権力による干渉を受けることなく，自由に行動できる関係である。第3は「積極的地位」である。これは，国民個人が，自ら進んで国家権力の活動を要求する関係である。第4は「主動的地位」である。これは，国民個人が，進んで，国家権力の担当者として活動のできる関係だとする。そしてイェリネックは，それぞれ第1のものから第4のものへと進化の流れがあることを指摘している。この関係に対応して，第1の地位からは「義務」が発生し，さらに第2の地位以下は「自由権」「受益権」「参政権」が生ずるとする。

(2) 私　　権

私法上の権利を私権という。私権もいろいろの観点によって分類することができる。そのうち主要なものは，まずその私権の内容により，人格権，身分権，

財産権，社員権に分類し，さらに私権を作用・機能の面から分類すれば，支配権・請求権・形成権・抗弁権に分けられる。

(a) **私権の内容からする分類**

(i) 絶対権　権利者の行為（意思）のみで権利の内容が実現する権利。例：所有権（物権）。

(ii) 相対権　権利者以外の一定の者の行為（作為・不作為）で権利の内容が実現する権利。例：請求権（債権）。

(b) **私権の目的からする分類**

(i) 人格権　人の身体・自由・貞操などのようにその人の人格と切り離すことのできない生活上の利益を権利内容とするものをいう。このような人格権は，侵害されたときにはその排除を求めることができ，かつ侵害によって生じた損害には，賠償請求が可能となる。この人格権は主として私法において問題になるが，もちろん公法上の保護も受けうることは明らかである。なお，氏名・信用・肖像なども人格的利益として考えられている。また，人格ということは，権利義務の主体という意味に用いられることもある。近代市民社会では，すべての人は人格を尊重され，その人の人格や属性を取引することは，たとえ自らがこれを行う場合でも許されない。たとえば奴隷など人身売買は，処罰の対象となる。

(ii) 身分権　夫婦・親子・親族などのように，家族共同体の一員としての地位（身分）に基づいて発生する権利である。たとえば，夫婦関係における相互に同居・協力扶助の請求権（民752条），親子関係における親権などがそれである。そのほか相続権なども身分から発生する権利である。

(iii) 財産権　財産を目的とする権利で，財産関係から発生し，または財産関係を形成するものである。すなわち，この権利の内容をなしている権利が，経済的価値を有し金銭による評価が可能なもので，取引の対象となるもののことである。これには物権・債権・無体財産権などがある。

物権とは，直接特定の物を支配して利益を受ける排他的権利である。「直接物を支配する」とは，権利の内容（たとえば，物の直接利用・担保物を換価して優先弁済を受けることなど）を実現するのに義務者の協力を必要としないことをい

い，この点，債務者の協力（履行）がないと目的を達することのできない債権と異なる。物権には，たとえば所有物を奪われたりすれば，妨害を排除する機能が認められている。これを物権的請求権といい，所有物返還・妨害排除・妨害予防の3権に分けられる。「排他的権利」とは，特定の物について，物権は1つしか成立せず，同一物については，同一内容の権利が重複して成立することのできない権利である（一物一権主義）。債権は，特定の人に対して一定の行為（作為・不作為）を請求することを内容とする権利である。これには売主の代金請求権（民555条）などがある。このような債権は，常に債務と相対し，債権者と債務者のお互いの協力によってはじめて，債権は目的を達することができるのである。ここに両当事者の信義誠実の原則（民1条2項）に基づく協力を強く必要とする根拠が存するのである。債権は，主として民法第3編に規定されている。

　無体財産権とは，人の知能的創作物，たとえば発明，考案，著述などについて排他的独占的利用を内容とする権利である。わが国には，法律で認められている無体財産としては，第1に特許権がある。これは，特許法の「発明の保護及び利用を図ることにより，発明を奨励し，もって産業の発達に寄与することを目的とする」ことにより認められている。この趣旨により，「特許権者は，業として特許発明の実施をする権利を専有」し，自分の発明を事業として収益をあげ，また発明を使う権利を他人に売るなど，つまり完全にその発明の成果を支配できるのである。しかし，発明は物ではないから，特許権も物権ではない。ただ，特許権は物権ではないが支配権としては，物権に相通ずる。したがってこれを無体物権ということもある。実用新案，意匠権，商標権なども同じ性質を有し，主として工業・商業に用いられるので，これらを工業所有権ともいう。この工業所有権と少し異質の無体財産権に著作権がある。著作権者は学術・文芸・美術・音楽などの著作物を複製する権利を占用する（著作権1条）。このようにして，著作論文などの著作者は，自分の著作物を完全に支配することができるのである。

　(iv) 社員権　　社団法人の社員が社員としての資格において，その法人に対して有する権利である。この社員権の内容は，社団自体の目的を達するために

社員に与えられた権利（共益権）と，社員自身の利益を達成するため社員に与えられた権利（自益権）とに大別される。たとえば，業務執行権，代表権，表決権などは共益権に属し，剰余金配当請求権や残余財産分配請求権などは自益権に属する。社員権に関する主たる規定は，民法第1編第2章および会社法などに存在する。

(c) **私権の作用（機能）からする分類**

(i) 支配権　権利の内容である生活上の利益（権利の客体ともいう）を直接に自己の意思で支配することのできる権利である。この権利は，行使に際して他人の行為を介在させる必要のない点に特色をもつ。たとえば，物権，無体財産権などはこれに属する。また親族権のうちの親権などもこれに加えることができよう。このような支配権が侵害されると，それに対しては不法行為による損害賠償請求権（民709条）が生じ，さらに，妨害排除の請求のような物権的請求権が発生することになる。

(ii) 請求権　他人に一定の行為（作為・不作為）を要求することのできる権利である。すなわち，権利の内容である生活上の利益が他人の行為であるために，他人の一定の行為（たとえば，金の返済とか賠償の支払いなどの行為）を請求することが必要となり，その請求が法律上の力として認められるときに成立するものである。その典型的なものは債権である。しかし，請求権は債権の本質的内容をなすものであるが，請求権はすべて債権ではない。たとえば，物権に基づいて発生する物権的請求権や身分権に基づく身分的請求権（認知請求権・扶養請求権など）は，ここにいう債権ではない。

(iii) 形成権　権利者の一方的な意思表示によって法関係を形成することのできる権利である。すなわち，その行為によって権利の発生・変更・消滅という法律効果を生じさせるものである。これには，取消権（たとえば，民5条2項・9条・13条4項・96条，なお民121条参照）・追認権（民122条）・解除権（たとえば，民541条〜543条，なお民545条参照）・相殺権（民505条以下）・地代家賃の値上げ値下げ権（借地借家11条1項・32条1項）などがある。この形成権が行使されると相手方の意思とは関係なく，法定の効果が生ずる。

(iv) 抗弁権　自己に対する他人の権利，ことに請求権の働きを阻止するこ

とを目的とする権利である。すなわち，他人からの攻撃を防ぐ防衛の手段としての役割を果たすものである。たとえば，ある取引において，売主が品物を渡すまでは代金の支払いを拒絶できる同時履行の抗弁権（民533条），債務者（借主）にまず請求せよ，そうでなければ支払いはお断りという保証人の催告の抗弁権（民452条），債務者には弁済の資力があり強制執行も可能であることを証明して，それが終わるまでは支払いを拒絶できる保証人の検索の抗弁権（民453条）などがある。

（3）権利の行使とその濫用
(a) 序　　説
　権利の行使とは，権利の内容である利益を享受するための行為をいう。近代社会は封建社会を否定して成立したもので，そこでは個人の権利が最大限に尊重されている。特に近代社会の初期における私法秩序は，法的人格平等の原則とともに権利の絶対的な保障も原則化され，権利の行使はほとんど無制限といえるほどに自由であった。いわゆる「自己の権利を行使する者は，何人に対しても不法を行うものではない」というローマ法の諺が近代社会の法思想にも引き継がれて久しく法学界を支配していた。ところが，19世紀以降近代資本主義社会がきわめて高度に発展をとげるにつれて，社会にはすさまじいばかりの私的利益追求の競争が生じた。個人や団体間の利害の対立・衝突は深刻かつ複雑になり，権利行使を各人の自由に委ねることからくる各種の弊害もますます著しいものとなった。かくして，近時の自由主義思想への反省と，それに加えて社会主義的思想の興隆によって，権利行使絶対の思想という神話に反省が加えられ，ここに，いわゆる権利濫用禁止の理論が登場することになったのである。

(b) 権利濫用の法理沿革
　権利の行使は本来自由である。しかし，権利行使が社会全体の利益に反する場合には，その権利行使は制限されるべきであるという思想が醸成されるのも当然のことであろう。このことはローマ法においても個別的には，いわゆる「シカーネ」（加害の意思をもってする権利行使）の禁止として認められていた。いか

に個人の権利の尊重といっても，社会生活が営まれている以上，他人を害する意思をもってする権利の行使，たとえば，隣人が憎らしいためにわざとその家の前に高い建物を建てて日光をあたらないようにする行為（いわゆる嫉妬建築）までもが，正当な権利行使として許されるべきであるとはいえない。このような「権利濫用の禁止の法理」は19世紀の中葉に生じたのであるが，これには，フランスの裁判所の判決がその契機をなしたといわれている。そしてこれ以後，フランスでは判例・学説ともに権利濫用の禁止の法理論を樹立していったのである。この影響を受けて，ドイツやスイスでは，「権利の行使は，それが他人に損害を加える目的のみを有するときには許されない」（ドイツ民226条）とか「権利の明白な濫用は，法律の保護を受けない」（スイス民2条）のように，直接にこの理論を明文化したのである。

わが国の民法典には，この権利濫用に関する規定はなかったが，太平洋戦争後の1947（昭和22）年にはじめて明文の規定（民1条3項）がおかれた。しかし，それまでは，判例・学説において相当古くから権利濫用の法理（権利行使の限界づけ）が主張されている。判例では，それまでは権利の絶対性（たとえば戸主権など）を認める立場をとっていたが，戸主の家族に対する居所指定権の行使は，絶対無制限の権利とはいえないと判示した（明治34年の大審院判決）。

大正時代になると，権利行使の限界づけの観念がしだいに形成されてきた。その初期の形態は，イミッションないしニューサンスの法理として，不法行為法の分野にあらわれはじめた。イミッションとは，ドイツ法上，煤煙・臭気・震動などが隣地に及ぼす影響を指し（ドイツ民906条参照），ニューサンスとは，英米法上，騒音・悪臭・煤煙のような，生活妨害による間接的な不法行為をいう。このイミッションやニューサンスに関し農作物に被害を受けた者が，公害発生源である会社に対し不法行為による損害賠償を請求した事件では，否定した。しかし，土地所有者が借地人に対し，家屋除去土地明渡の執行をなすにあたり，家屋の取り壊し方法が乱暴で材料の価格を著しく減じたため，家屋の抵当権者から土地所有者に対して損害賠償を請求した事件では，肯定している。さらに，「信玄公旗掛けの松」といわれる名木が汽車の煤煙によって枯死したので，その所有者が，予防措置を講じなかった鉄道院に対して損害賠償を請求

した事件（大判大8・3・3民録25・356）では，これを肯定した。このように，各種の判例を通じてしだいに権利濫用の法理が形成されていったのである。

　もっとも，この時期までは，どの判例も「権利濫用」という言葉を使用していない。判例は，権利の行使に一定の限界があることを認め，その限界を超えて権利が行使されたときには，一種の不法行為による損害賠償責任を認めるにとどまり，権利行使そのものを否認するものではなかった。この法理論が法学界に定着するためには，まだまだ学説の積み重ねが必要であった。学説のほうは，牧野英一博士が1904（明治37）年に「権利の濫用」を論じ，続いて大正期になると，末川博士がフランスの学説を紹介したり，権利濫用の認定の標識を研究していった。それらは，『権利侵害論』（弘文堂書房，1930年）および『不法行為竝に権利濫用の研究』（岩波書店，1933年，本書は1949年に『権利の濫用の研究』として改訂）となって刊行された。また，1920年代から1930年代にかけては平野義太郎博士や末弘厳太郎博士をはじめとして権利濫用について多数の論文が発表され，この法理は大正後半以降，一般の承認を得ることになった。

　このような学界の情勢に影響を受けた大審院は，「宇奈月温泉事件」では権利濫用の概念を取り入れて，土地所有権の行使を制限した（大判昭10・10・5民集14・1965）。これは，鉄道会社が温泉経営のため温泉引湯用木管を設置したが，たまたま他人の土地の一部（わずか2坪ほど）を無断で通してしまった。その事情を知った者が，その木管の通っている土地を買い受け，温泉会社に対し，木管を撤去するか，さもなければ隣接地をあわせた3000坪の土地を高価（坪当たり時価27.8銭のものを7円で）に買いとれと請求した。しかし，大審院は，「権利ノ濫用」であるとしてこれを認めなかった。

　こうして，権利濫用の理論は判例・学説ともに確立したが，1947（昭和22）年の民法改正を契機として，民法典1条の中に「私権は，公共の福祉に適合しなければならない。権利の行使及び義務の履行は，信義に従い誠実に行わなければならない。権利の濫用は，これを許さない」と規定されることとなった。

(c) 権利濫用の概念とその課題

　では，「権利の濫用」というのは，どのような意味に理解すべきであろうか。これまでの判例は，たとえば，過失によって，他人の土地にまたがって発電用

トンネルを掘ったとか，他人の土地を埋め立てて電鉄会社が線路を敷いたという場合，侵害を受けた土地所有者の原状回復請求を拒否した。これら2判決における電力会社や電鉄会社の主張には，この「権利濫用」の理論を強力な武器として過失責任を免れようとした疑いが強い（戦後には板付基地事件がある）。もしそうだとするならば，大資本や公共団体が個人の権利を犠牲にして強引に施設をした場合，権利の濫用理論が逆用されて被害者は泣き寝入りという強者の横暴に力を与える事態を招来することになる。

以上の点からもわかるように，権利濫用の理論は，いうなれば両刃の剣のような役割を果たすところがある。そこで問題となるのは，権利の正常な行使と権利の濫用との限界を示す一線をどこに引くべきかである。そして，この権利濫用の判断基準については，権利の行使が格別に自己に利益をもたらさないのに，他人に損害を与えることを目的としてなされた，いわゆるシカーネのみを認めようとする立場（主観的側面を強調する立場）から，権利者の権利行使によって得られる利益と，それによって他人に与える損害とを比較考慮し，その行使の仕方およびその権利の存在意識に照らして判断するという立場（客観的に判断する立場）へ変わってきているのである。

要するに，すべての権利に共通する客観的な権利濫用の標識を求めることは困難である。結局，具体的には，個々の場合に応じて諸般の状況を考慮した上で，公共の福祉，信義則の観点から，その権利行使の社会的意義を吟味して判断するほかはない。なお，近時，権利濫用理論の範囲を跳びこえたとでもいうべき「受忍限度」論が主張されていることは注目に値する。たとえば，公害などの成立の要件として，加害者の権利行使が「権利濫用」となるかどうかの判断よりも，むしろ加害行為が被害者の「受忍限度」を超えるかどうかの判断で決めようとするのである。

4　義務の概念

義務は，通常権利に対応する概念として考えられている。すなわち，民法などのような私法においては，私人相互間の権利・義務を定めた規定は，1人が

権利をもてば，他方にこれに対応する義務者がいるという関係になる。たとえば，売主に代金支払いの請求の権利があれば，買主は代金を支払う義務を負うのである。このように，権利と義務とは対置される概念であるから，法や権利をどのように解するかによって義務の概念（本質）についての説明も変わらざるをえないのである。

まず第1に，権利の概念について意思説をとる立場からは，義務について，義務とは法によって定められた意思の拘束であるとする。しかし，意思の拘束が義務であるとすれば，意思無能力者がなぜ義務を負うか説明できなくなり，権利の本質を意思と考える意思説に対すると同様な批判を受けることになろう。第2には，義務は法律上の責任であるとする説がある。責任とは，義務違反によって生ずる一定の制裁（刑罰や強制執行）を受ける基礎をいうが，義務そのものとは異なるのである。そして，義務は原則として責任を伴うが，必ずしも常にそうだとはかぎらない。たとえば，消滅時効にかかった債権（民167条・145条）や賭博による債務などは，義務はあっても責任はないといえよう。第3には，義務とは，一定の作為または不作為をなすべき法律上の拘束を意味するとの説がある。この説は権利の意義についての法力説に対応するものであり，現在の多数説である。

5　権利と義務の関係

権利と義務は相対して存在するといえる。すなわち，権利のあるところにそれに対応する義務が存在し，義務のあるところには，それに対応する権利が存在するのが原則である。しかし，例外もないではない。すなわち，義務と対立しない権利も存在しうるし，権利に対立しない義務というのもまた少なくはないからである。たとえば，未成年者が商業を営むときには登記義務がある（商5条参照）が，いかなる人もその未成年者に対して登記すべきことを請求する権利はない。また商業帳簿作成義務（商19条）もこれに対応する権利はない。なお，公法上の義務には権利を伴わないものが多い（納税の義務など）。また，形成権といわれるもの（取消権・追認権・解除権など）には，それに対応する義

務は存在しないのである。

　要するに，権利と義務は概念としてはそれぞれ別個のものであるが，一般に法律制度の進化の過程からみれば，前にも考察したように，その法律関係は義務の側面からとらえられてきたということができる。それが近代社会になってから，義務本位から権利本位に移り，近代法においては権利絶対の思想がその核心となっていたのである。しかし，現代においては，もはや権利の絶対性は認められるべきではない。その代わり，権利の社会性（民１条１項）が万人によって承認され，権利は社会のためにあり，権利の行使は様々な形で制限されるようになったのである。かくして，現代社会における権利は，当然に義務を伴うものといえよう。すなわち，権利も義務も社会的な観点から考えられるべきであって権利の行使も義務の履行も信義誠実の原則に基づいてなすべきことはもちろん，公共の福祉を無視することは許されないのである（民１条）。現代社会のように人々の利益が複雑にからみあい,対立する機会の多い時代にあっては，個人の権利の尊重とその社会的制約とをいかに法技術的に調和させていくかに，これからの現代法の課題があるといえよう。

第4章 財産と法

　われわれは，日常の社会生活関係において，各自の自由な意思に基づき法律関係を形成したり，種々の財産を取得・移転したりしている。このような財産に関する権利を財産権といい，取得・移転という法律効果を生じさせる主要なものが契約である。そこで本章においては，このような財産権の変動を生じさせる契約の成立と種類について解説し，取得した財産権の侵害に対してどのような法的保護があり，どのような担保手段があるのかを体系的に概説する。

1　契約の成立とその種類

(1) 契約自由の原則
　資本主義社会において，人々が自由な意思に基づき自由に契約を締結し，いかなる干渉も受けないという原則を契約自由の原則という。これには，① 契約締結の自由，② 契約相手方の選択の自由，③ 契約内容決定の自由，④ 契約方式の自由などがある。しかし，契約自由の原則があるからといっても，どのような契約でも結ぶことができるというわけではなく，公共の福祉のために一定の制限を受けるのである（憲29条）。

(2) 契約の成立
　契約は，原則として，申込みと承諾という相互に対立する意思表示の合致により成立する。申込みの相手方は，たとえば自動販売機のように不特定多数でもよいが，「入居者募集」というような表意者が後に相手方を選択するような表示は，「申込の誘因」と解されており，申込みと区別される。
　一般的に，隔地者間の契約の申込みは，到達主義により，相手方に到達したときより効力を生じるが，制限能力者の相手方のする催告に対する確答（民20条），株式会社の招集の通知（会社299条1項）には，意思表示の発信時期に効力が生じるとする発信主義をとっている。ただし，パソコン等のよる取引の場

合の承諾については，電子消費者契約及び電子承諾通知に関する民法の特例に関する法律（電子契約法）により，到達主義に修正されている（電子契約法4条）。

申込みは，承諾期間の定めがあるときは，その期間中効力があり（民521条），承諾期間を定めないときでも，相当の期間取消すことができない（民524条）。しかし，承諾期間中，あるいは申込みの取消前に，承諾の通知が相手方に達しない場合は，申込みは効力を失う（民521条2項）。

(3) 契約の種類

契約は，その法的性質により，次のように分類される。

(a) 典型契約と非典型契約

民法の定める13種類の契約（贈与・売買・交換・消費貸借・使用貸借・賃貸借・雇用・請負・委任・寄託・組合・終身定期金・和解）を典型契約（有名契約）といい，民法に定めのない契約を非典型契約（無名契約，たとえば出版契約・リース契約・フランチャイズ契約等）という。

(b) 双務契約と片務契約

双務契約とは，契約当事者双方が互いに対価的意義を有する債務を負担する契約をいい，売買契約・賃貸借契約などがこれに該当する。これに対して，片務契約は当事者の一方が債務を負担する契約と契約当事者双方が互いに対価的意義を有さない債務を負担する契約をいい，贈与契約，使用貸借契約などがこれに該当する。

(c) 有償契約と無償契約

有償契約とは，契約当事者双方が互いに対価的意義を有する出捐（しゅつえん）をする契約をいい，売買契約・賃貸借契約等がこれに該当し，そうでない契約を無償契約といい，贈与契約・無利息金銭消費貸借契約等がこれに該当する。売買契約は有償契約の代表的なものであり，売買以外の有償契約にも売買に関する規定が準用される（民559条）。

(d) 要物契約と諾成契約

たとえば金銭消費貸借契約は，金銭を貸しつけるという当事者の合意のほかに，実際に金銭の引渡しがあって，はじめて契約が成立する（民587条）。この

ように,当事者の合意のほかに,物の引渡しがあって,はじめて成立する契約を要物契約という。諾成契約とは,当事者の合意だけで成立する契約である。消費貸借契約・使用貸借契約・寄託契約は,要物契約であるが,他の典型契約は諾成契約である。

2 移転型の契約

(1) 売　　買

売買契約とは,当事者の一方が財産権を相手方に移転することを約束し,相手方がこれに対して金銭を支払うことを約束することによって成立する契約で(民555条),有償・双務・諾成契約である。売買の目的物は,譲渡性のあるものであればよく,他人の物や将来取得する物も目的物とすることができる。

(a) 売買の効力

売主は,売買の目的物である財産権移転の義務を負い,買主は代金を支払う義務を負う。また売主は,他人の権利を売買の目的物とした場合の買主への権利移転義務(民561条),引渡された目的物が種類,品質または数量に関して契約の内容に適合しないものであるときは契約不適合責任を負い,買主はその状態に応じて,①追完請求権(民562条),②代金減額請求権(民563条1項・2項),③契約解除(民564条・541条・542条),④債務不履行による損害賠償(民564条・415条)を行使することができる。ただし買主は,「種類または品質」に関する不適合を知った後1年以内に売主に通知しないときは失権する(民566条)。「目的物の数量」や「権利移転」に関する契約不適合については,「権利を行使することができることを知った時」から5年間,「権利を行使することができる時」から10年間で消滅する。

(b) 売主の義務と買主の義務との関係

売買は双務契約であり,双務契約一般について生じる同時履行の抗弁権と危険負担の問題が生じる。

同時履行の抗弁権とは,双務契約の当事者が,相手方が債務の履行を提供するまで,自分の債務の履行を拒むことができる権利である(民533条)。同時履

行の抗弁権が成立するためには，双方の債務が弁済期にあるにもかかわらず，相手方が自己の債務を履行または提供しないで履行請求することが必要である。

また，双務契約において，当事者双方の責任のない事由により，履行できなくなった場合に，他方の債務は履行されなければならないのかどうかという問題を危険負担という。この場合に，他方の債務も消滅するとするのを債務者負担主義という（民536条）。

(c) 財産権移転の対抗要件

売買の目的物の権利は，当事者間では意思表示だけで移転する（民176条・466条）が，これを契約当事者以外の第三者に主張するには対抗要件が必要である。動産の場合は，目的物の引渡しであり（民178条，ただし民182条2項・183条・184条参照），不動産の場合は，登記である（民177条）。また，債権の売買の場合は，譲渡人から債務者に対する通知，あるいは債務者の承諾を得ることが必要である（民467条）。

(d) 動産の即時取得

動産の占有者を正当な権利者だと信じて，その者から取引により動産の占有を平穏・公然・善意・無過失により取得した者は，その動産の所有権を取得する（民192条）。これを動産の即時取得の原則といい，占有に公信力を認め，占有を信じた善意の者を保護する制度であり，動産の善意取得，公信の原則ともいわれている。不動産の場合には，公信の原則は認められていない。また，盗品・遺失物の場合には，被害者または遺失主は，その盗難・遺失のときから2年間は，それを買った者に対して返還を求めることができる（民193条・194条）。

(2) 贈　　与

贈与とは，当事者の一方（贈与者）が相手方（受贈者）に，無償で自分の財産を与える意思表示し，相手方（受贈者）がこれを受諾することによって成立する無償・片務・諾成契約である（民549条）。贈与契約は必ずしも書面による必要はないが，書面によらない贈与は，履行前であれば，当事者は自由にこれを取消（撤回）することができる（民550条）。

（3）交換

交換とは，金銭の所有権以外の財産権を互いに移転する契約をいう（民586条）。交換は，有償・双務・諾成契約であり，売買規定が準用される（民559条）。

3 貸借型の契約

（1）消費貸借

当事者の一方が，金銭その他の代替物を借りて消費し，これと同種・同等・同量の物を返すことを約束する契約を消費貸借といい（民587条），金銭消費貸借はその典型である。消費貸借は，一般に無償・片務・要物契約であるが，金銭消費貸借の場合の要物性については，貨幣の授受がなくても，経済上，現実の授受と同一の利益を得させれば要物性が充たされる。また，利息付金銭消費貸借の場合は，有償契約となる。

利息には，約定利息と法定利息がある。約定利息における利率は，当事者の約定により定められるが，その利率の最高限度は利息制限法（昭29法100）によって制限されている。また，利率を定めなかった場合，別段の意思表示がないときはその利率はその利息が生じた時点の法定利率によるものとし，3年ごとの「変動制」を採用している。なお，改正法施行時の法定利率は年3％（民404条）としている。

金銭債務の消滅行為として主要なものは，弁済である。弁済とは，債務者が債務の本旨に従った給付を実現して，債務を消滅させる行為をいう。金銭債務の弁済は，一般に支払いと呼ばれる。

また，弁済以外の債務の消滅行為として，代物弁済（民482条），更改（民513条〜518条），相殺（民505条〜512条），免除（民519条），混同（民520条）がある。

（2）賃貸借契約

賃貸借とは，当事者の一方（貸主）が相手方（借主）にある物を使用・収益させることを約束し，相手方がこれに対して賃料を支払うことおよび引渡しを

受けたものを契約が終了したときに相手方に返還することを約束することによって成立する有償・双務・諾成契約である（民601条）。賃貸借の対象物については制限はないが，最も重要なものは，宅地・建物の賃貸借である。

　宅地・建物の賃貸借には，建物の所有を目的とする宅地の地上権（民265条～269条）と賃借権（民601条～622条），建物の賃貸借があるが，いずれの場合においても民法の規定では賃借人の立場が弱く，借地借家関係を公平かつ合理的に調節するため，特別法として借地借家法（平3法90）が定められており，借地借家法と異なる賃借人に不利な特約は無効とされる（借地借家9条）。

（3）使用貸借

　使用貸借とは，当事者の一方（貸主）がある物を引渡すことを約束し，当事者の一方（借主）が無償である物を使用・収益した後に返還することを約束し，相手方（貸主）から目的物を受け取ることによって成立する無償・片務・要物契約である（民593条～600条）。使用貸借は，目的物の所有権を取得せず，受け取った物自体を返還するという点で消費貸借と異なり，無償契約である点で賃貸借と異なっている。

4　他人の役務の利用を目的とする契約

　他人の役務の利用を目的とする契約として，雇用・請負・委任・寄託があるが，ここでは請負・委任・寄託契約について説明する。

（1）請　　負

　請負とは，当事者の一方が一定の仕事の完成を約束し，相手方がその仕事の結果に対して報酬を支払うことを約束する契約である（民632条～642条）。請負契約では土木建築工事の請負が典型的であるが，洋服の仕立て・運送・演奏・講演を引き受ける契約も請負契約の一種である。

(2) 委　　任

委任とは，一定の法律行為をなすことを相手方に委託し，相手方がこれを承諾することによって成立する契約である（民643条）。委任は，民法上は原則として片務・無償・諾成契約である（民648条1項）が，受任者が商人であれば有償契約となる（商512条）が，実際上は，有償・双務・諾成契約となることが多い。なお，委任契約は委任者と受任者との間の信頼関係に基づくものであるから，無償であっても，受任者は善良な管理者の注意をもって委任事務を処理しなければならない（民644条）。

(3) 寄　　託

当事者の一方が，相手方のために物の保管をすることを約束する契約を寄託契約という（民657条）。民法上は，原則として片務・無償・要物契約であるが，有償の場合は，双務契約となる。寄託を受けた者は，その保管につき，有償寄託では善良な管理者の注意を用いなければならないが（民400条），無償寄託では自分の財産に対するのと同じ注意をもってすればよい（民659条）。ただし，駐車場やコインロッカー等は，寄託ではなく一定場所の賃貸借である。

また，銀行預金や郵便貯金のように，寄託を受けた者が，目的物を消費しこれと同種・同等・同量のものを返還する契約を消費寄託といい，消費貸借の規定が準用される（民666条）。

5　契約によらない財産権の変動

財産権は，契約により変動するが，時効（取得時効〔民162条〕，消滅時効〔民166条〜174条の2〕）や事務管理（民697条〜702条）の場合には，契約によらないで財産権が変動する。

また，契約によらないで所有権を取得する特殊な場合として，無主物先占（民239条1項），遺失物拾得（民240条，遺失物法1条），埋蔵物発見（民241条，遺失物法13条〜15条，なお文化財保護法57条〜65条参照），添付（付合〔民242条〜244条〕，混和〔民245条〕，加工〔民246条〕）がある。

6 財産権の侵害に対する保護

(1) 物権の侵害に対する保護

　財産権，特に所有権を取得した者は，その所有物を自由に使用・収益・処分できるが，このような物権の侵害に対し，物権的請求権として所有物返還請求権・妨害排除請求権・妨害予防請求権が認められている。
　民法は，この物権的請求権について具体的には定めず，占有の訴えとして規定しているが（民197条～200条），物権の性質上物権一般，特に所有権に拡張して適用される。

(2) 債権への侵害に対する保護
(a) 債務不履行

　債務者が，債務の本旨に従った履行をしない場合を債務不履行という。債務不履行には，債務者が履行期において，履行が可能であるにもかかわらず，債務者の故意または過失によって履行しない履行遅滞（民412条1項），債権成立後，債務の履行が契約その他の債務の発生原因および取引上の社会通念に照らして不可能になることを履行不能，債務者が不完全な履行をした場合の不完全履行がある。この場合，現実的履行の強制（履行不能の場合を除く），契約解除，損害賠償を請求することができる（民415条）。

(b) 損害賠償の請求

　債務不履行に対する損害賠償の方法は，金銭賠償が原則である（民417条）。損害賠償の範囲は，債務不履行により通常生ずべき損害の範囲である。特別の事情によって生じた損害の場合は，債務者があらかじめその事情を知っていたか，または当然知ることができたものは賠償範囲に含まれる（民416条）。また，履行遅滞では，履行請求と遅延賠償が，履行不能の場合には，填補賠償が，不完全履行の場合は，履行請求と遅延賠償，履行が不可能ならば填補賠償が請求できる。

(c) **債務履行の強制手段**

債務者が債務を履行しない場合，債権者は裁判所に訴えることにより，給付判決を求めることができるが，それでも債務者が債務を履行しないときは，裁判所により，強制的に債権の内容を実現することができる（民414条）。債務履行の強制手段として，直接強制・代替執行・間接強制が認められている。

(i) 直接強制　　直接強制は，裁判所によって債務者の意思にかかわりなく，直接・強制的に債権の内容を実現させる方法である。直接強制は，金銭債務や物の引渡債務のいわゆる「あたえる債務」について認められる（民414条1項，民執43条〜170条）。

(ii) 代替執行　　代替執行は，家屋の工事とか，物の運搬とか，いわゆる「なす債務」で，第三者を債務者の代わりに履行させて，債権の内容を実現させる方法である（民414条2項，民執171条）。

(iii) 間接強制　　間接強制は，「なす債務」のうち第三者が債務者の代わりに履行できな場合に，一定の期間を定めて履行請求し，履行しない場合には，損害賠償を命じるなど，債務者に心理的圧迫を与えて，間接的に履行を強制する方法である（民414条1項但書，民執172条）。

(3) 債権の対外的効力

債務履行の強制手段としては，以上のような方法があるが，このような強制執行をしても，債務者が債権を満足させるだけの責任財産をもっていなければ無意味なものになってしまう。このように債務者の財産状況は，債権者にとっては大きな影響がある。そこで，民法は，例外的に債権者に債務者の責任財産保全のため，債権者代位権と債権者取消権とを認めている。

(a) **債権者代位権**

債権者が，自分の債権を保全するため，債務者の有する権利（被代位債権）を債務者に代わって行使することができる権利を債権者代位権という（民423条1項）。

(b) **債権者取消権**

債務者が債権者を害することを知りながら行った法律行為の取消を，債権者

が裁判所に請求することができる権利を債権者取消権という（民424条1項）。

7　不当利得・不法行為に対する救済

（1）不当利得

　法律上の原因がなくて，他人の財貨または労務により利益を受け，そのために他人に損失を及ぼすことを不当利得という。他人の損失によって利得者が生じていることは，正義・公平の理念に反するので，民法は不当利得者に利得返還義務を負わせている。利得返還義務の範囲は，利得者が善意の場合には，現存利益の範囲において返還すればよく（民703条），悪意の場合には，利得の総額に利息をつけて返還しなければならならず，なお損失者に損害があるときは，その賠償義務も負う（民704条）。

（2）不法行為

　不法行為とは，他人の権利を違法に侵害し，他人に損害を与える行為をいい，不法行為者に対し，その損害を原則として金銭により賠償させる制度である。不法行為には，一般的な不法行為（民709条）と特殊な不法行為（責任無能力者の監督義務者の責任〔民714条〕，使用者等の責任〔民715条〕，土地の工作物または竹木の占有者・所有者の責任〔民717条〕，動物の占有者の等の責任〔民718条〕，共同不法行為者の責任〔民719条〕）があり，不法行為に関する特別法として，国家賠償法・製造物責任法が制定されている。
　不法行為が成立するためには，①損害が故意または過失のある行為によって生じたこと，②行為が違法であること，③加害者に責任能力があること，④加害行為と損害の発生に相当因果関係があることが必要である（民709条）。

8　債権の担保

（1）債権担保の方法

　物権の侵害に対しては物権的請求権が，債権の侵害に対しては債務不履行に

よる賠償請求権・強制執行，その責任財産の保全手段として債権者代位権と債権者取消権など，財産権の侵害に対しては，種々の法的保護が与えられているが，債権をより確実に回収する手段として，担保の制度がある。担保には，人による担保（人的担保）と，物による担保（物的担保）とがある。

(2) 人的担保
(a) 保証債務
　債務者（主たる債務者）が債務を履行しない場合に，その債務を債務者以外の者（保証人）に履行義務を負わせることを保証といい，この義務（従たる債務）を保証債務という（民446条〜465条）。保証債務は，保証人と債権者との保証契約により成立する。保証債務の性質としては，主たる債務が存在しなければ保証債務も存在しないという付従性，主たる債務が移転すると保証債務も移転するという随伴性，主たる債務が履行されないときに債務を履行すべき責任を負うという補充性がある。そしてこの補充性という性質により保証人は，債権者が主たる債務者に請求せず，保証人に債務履行を請求してきた場合に，まず主たる債務者に催告せよと主張できる催告の抗弁権（民452条）と債権者が主たる債務者に催告した後でも，保証人は主たる債務者に弁済の資力があり，執行が容易であることを証明して，まず主たる債務者に対して強制執行をせよと主張できる検索の抗弁権（民453条）を有することができるのである。

　また特殊な保証として，保証人が主たる債務者と連帯して債務を負担すべき旨の特約のある連帯保証がある（民458条）。連帯保証には補充性がなく，検索の抗弁権や催告の抗弁権が認められない点で（民454条），通常の保証と異なる。

(b) 連帯債務
　連帯債務とは，数人の債務者が同一内容の債務について，各自独立してその債務の全部を履行すべき義務を負い，債務者の1人が履行すれば，他の債務者の債務もまた消滅すべき関係にある多数当事者間の債務関係をいう（民432条〜445条）。契約によって成立する連帯債務は，人的担保としての債権担保機能を有する。

(3) 物的担保

人的担保の制度によっても，財産権は一応担保されるが，債権者にとっては保証人の資力が常に保証されているわけではなく，債務者に多数の債権者が存在し，その債務の総額が債務者の全財産を超過するような場合には，債権者平等の原則により，各債権者は債権額に比例して弁済を受けるにすぎないなど，確実に担保されるわけではない。

そこで，債権の弁済をより確実にするために，債務者や第三者の特定の財産について，優先的に権利行使できるようにする制度が物的担保であり，法定担保と約定担保とがある。

(a) 法定担保

法律の規定により，一定の要件を充たせば当然に発生する物的担保で，これには先取特権・留置権がある。

(i) 先取特権　日用品の供給，その他法律で定められた一定の原因から生じた債権を有する者が，他の債権者に優先して，債務者の財産から優先的に弁済を受けることができる権利を先取特権という（民303条～341条）。

(ii) 留置権　他人の物の占有者が，その物について生じた債権の弁済を受けるまで，その物を留置することができる権利を留置権という（民295条～302条）。留置権には，競売権は認められるが，優先弁済権は認められていない。

(b) 約定担保

当事者間の契約により生じる物的担保で，質権・抵当権・非典型担保がある。

(i) 質　権　質権とは，債権者がその担保として債務者または債務者の指定する第三者から受け取った物を占有し，債務者が弁済しない場合に，その物から他の債権者に優先して弁済を受けることができる権利をいう（民342条～366条）。

質権は，当事者の設定契約と目的物の債権者への引渡しによって成立する（民344条）。質権の目的物は，譲渡可能な物であればよく，動産，不動産，さらに権利（財産権）も質権の目的とすることができる（民343条）。

債務者が弁済しない場合，債権者は質権により，競売または法定の手続きにより優先弁済を受けることができるが（民342条・354条），質権設定契約また

は弁済期前の契約で，弁済に代えて債権者に質物の所有権を取得させたり，その他法定の手続きによらないで質物を処分させることを合意（流質契約）することは禁止している（民349条）。

（ⅱ）抵当権　抵当権とは，担保物の占有を債務者（または債務者の指定する第三者）のもとにとどめ，債務が弁済されない場合に，他の債権者に優先して弁済を受けることができる権利である（民369条〜398条）。抵当権の目的物は，登記・登録などの公示方法が可能な物がなりうるが，民法では不動産・地上権・永小作権に限られ（民369条），登記することにより第三者に対抗できる。

（ⅲ）根抵当権　根抵当権は，一定の範囲に属する不特定の債権を，極度額の範囲において担保するために設定される抵当権である（民398条の2〜398条の22）。

根抵当権は，設定時にその発生時期，内容などを確定できない不特定の債権を，一定の限度額の範囲で包括的に担保するところに特色がある。

(c)　**非典型担保**

民法が定める担保制度以外に，非典型担保として譲渡担保・所有権留保・仮登記担保がある。

（ⅰ）譲渡担保　設定者のもとに目的物の占有を留めて使用・収益させつつ，債権者に目的物の所有権を移転し，弁済がないときに債権者は確定的に所有権を取得するという方式で債権を担保する制度で，判例法上確立された担保物権である。

（ⅱ）所有権留保　留保者（売買の売主）は，売買契約により相手方（売買の買主）に目的物の占有を移転させるが，代金債権の完済まで所有権は留保者に留保しておき，代金債権の弁済がないときに目的物を回収するという方式の担保物権である。

（ⅲ）仮登記担保　債権担保のため不動産の代物弁済予約・売買予約を行い，目的不動産に仮登記をしておき，優先弁済の順位を保全しておく方式の担保物権である。

第5章 親族と法

1 親族法の意義と特質

　人間は常に社会の中で共同生活を営んでいる。この社会共同生活の中で最も自然で基本的なものは夫婦・親子を中心とする共同生活であり，これを家族生活という。この家族生活における法律上の地位（身分）の発生・変更・消滅と，これらの地位（身分）に基づく各種の権利義務について規定したものが親族法であり，民法第4編「親族」がその中心をなしている。

　親族法は，人間の自然的・終生的な全人格的統合であり，風俗や習慣と密接なつながりのある家族生活に関する法であるから，その内容は，必然的に倫理的・習俗的なものが多数存在することになる。換言すれば，親族法は，売買関係にみられるような選択的・打算的な財産法と比べ，非打算的・非合理的な性質があり，また，家族関係は社会構成の基礎をなすものとして，いわゆる公序良俗に関するものであるから，その大部分は強行法となっている。

2 親族関係

(1) 親族の範囲
　親族とは，法律上，6親等内の血族，配偶者および3親等内の姻族をいう（民725条）。

(a) 血族
　血筋のつながる血縁者およびこれと同一視される者を血族という。前者を自然血族，後者を法定血族と呼ぶ。親子・兄弟姉妹のように相互間に自然の血筋のつながりのある者が自然血族であり，養親子のように相互間に自然の血筋のつながりがなくても法律上自然血族と同様に扱われるものが法定血族である。現行法上，法定血族が発生するのは，この養親子関係だけである。

血族は，血筋のつながり関係により，直系と傍系および尊属と卑属とに分けられる。
　（i）　直系・傍系　　血筋が直上，直下の形でつながるものが直系であり，祖父母，父母，子，孫などの血族関係がこれである。血筋が同一始祖より分かれてつながるものが傍系であり，兄弟姉妹，伯叔父母，甥姪などの血族関係がこれである。
　（ii）　尊属・卑属　　血族中，父母や祖父母のような直系の祖先およびその祖先と同じ世代にある者を尊属といい，子や孫のような直系の子孫と同じ世代にある者を卑属という。自分と同世代にある者，すなわち兄弟姉妹や従兄弟姉妹は尊属でも卑属でもない。
　(b)　配偶者
　夫婦の一方からみて他方を配偶者という。
　(c)　姻　族
　自己の配偶者の血族および自己の血族の配偶者をいう。たとえば，妻の父母および兄弟姉妹などは夫の姻族であり，逆に夫の父母および兄弟姉妹などは妻の姻族である。姻族についても血族と同様に，直系と傍系，尊属と卑属の区別がある。
　(d)　親　等
　血筋のつながりの遠近を測る尺度を親等という。民法は，世数親等制をとり，親等の数を世代で数える。すなわち，直系間の親等は，一方より他方に至る世代数によって定め，傍系間の親等は，一方から同一始祖にさかのぼり，その始祖から他方に下るまでの世代数を合計して定める（民726条）。配偶者間には親等はなく，また，姻族の親等は配偶者から起算する。

（2）親族関係の発生

　自然血族関係は，原則として，出生により発生する。
　法定血族関係は，養子縁組により発生し，養子縁組後に生まれた養子の直系卑属と養親およびその血族との間にも法定血族関係は認められるが（民727条・809条），養子縁組前の養子の直系卑属については，法定血族関係は認められな

図表 5-1 親族図

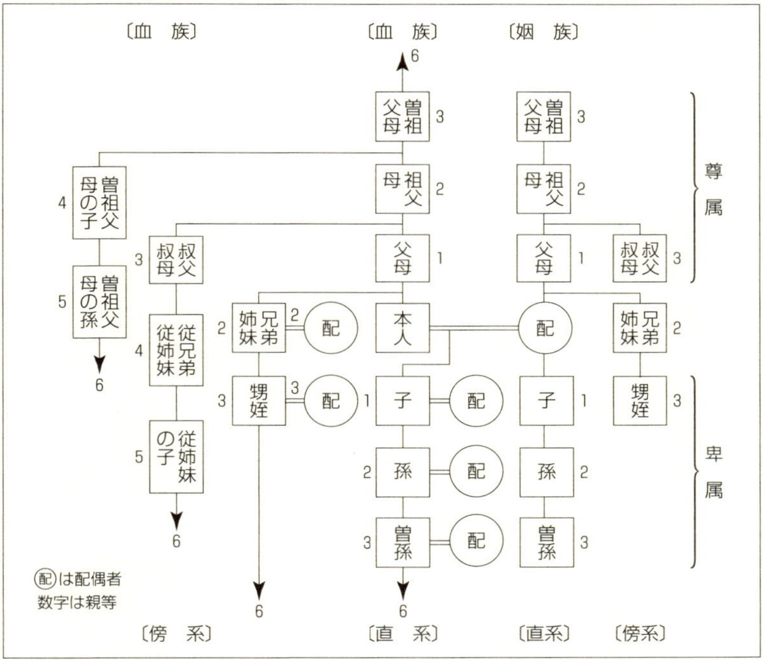

[血族] 〔血族〕 〔姻族〕

（配偶者関係図：省略 — 本人を中心に、直系尊属（父母1・祖父母2・曽祖父母3）、直系卑属（子1・孫2・曽孫3）、傍系（兄弟姉妹2・甥姪3・従兄弟姉妹4等）、および配偶者側の姻族を示す。配は配偶者、数字は親等を表す。尊属・卑属、直系・傍系の区分が図示されている。）

い。なお，養子の実方の血族と養方の血族との間にも法定血族関係は発生しない。

配偶者関係および姻族関係は，婚姻により発生する。

（3）親族関係の消滅（終了）

自然血族関係は，死亡によってだけ消滅する。

法定血族関係は，死亡によるほか，離縁および縁組の取消により消滅する。離縁および縁組の取消による場合には，養子と養親およびその血族間の関係だけでなく，養子縁組後に生まれた養子の直系卑属と養親およびその血族との間の法定血族関係も消滅する（民 729 条）。

配偶者関係および姻族関係は，死亡によるほか，離婚および婚姻の取消により消滅する。もっとも，配偶者の一方の死亡により婚姻が解消したときに，生

存配偶者と死亡配偶者の血族との間の姻族関係は，当然に消滅することはなく，生存配偶者の姻族関係終了の意思表示によってのみ消滅する（民728条2項）。なお，養子の配偶者または養子の直系卑属の配偶者と養親およびその血族との間の姻族関係は，養子と養親との離縁または縁組の取消により消滅する（民729条）。

3 婚　　　姻

(1) 婚姻の意義

　婚姻とは，終生の共同生活を目的とする一男一女の合意に基づく正当な結合関係である。終生の共同生活とは，離婚は絶対に許されないという意味ではなく，はじめから離婚することを前提として婚姻に期限や条件などをつけてはいけないこと，いわゆる試験結婚や期間結婚を認めないことを意味している。

　婚姻は男女の結合であるが，たんなる私的結合関係ではなく，それが婚姻といわれるためには，その結合が社会により正当なものとして承認されなければならない。この意味において婚姻は，1つの社会制度となっている。

　ところで，婚姻に対する社会の承認は，当該社会の経済，道徳，風習および法律などによって制約されるから，婚姻のあり方は時代および場所によって一様ではないが，今日の文明諸国の婚姻はいずれも一男一女の共諾婚である。婚姻がこのような一男一女の共諾婚に至るまでには歴史的沿革があり，一般に，婚姻はその方法において略奪婚，交換婚，売買婚および贈与婚などから共諾婚へと進化し，その形式において群婚，一妻多夫婚および一夫多妻婚から一夫一妻婚へと進展してきたといわれている。

(2) 婚姻の成立要件

　婚姻の成立については，事実上婚姻と認められる事実があればただちに法律上の婚姻が成立したものとみる事実婚主義と，一定の方式を経ることにより法律上の婚姻が成立したものとみる形式婚主義がある。形式婚主義には，宗教上の一定の儀式を要求する宗教婚主義と，法律上の一定の手続きを要求する法律

婚主義がある。

　今日の文明諸国の多くは法律婚主義であり，わが民法も法律婚主義をとっている。したがって，婚姻が有効に成立するためには，実質的要件の他に形式的要件を具備しなければならない。

　(a)　**実質的要件**

　(ⅰ)　婚姻意思の合致があること　　婚姻をする意思の合致（婚姻の合意）がないときは，その婚姻は無効となる（民742条1号）。なお，詐欺または強迫による婚姻は，一定の期間内であればその取消を求めることができる（民747条）。

　(ⅱ)　婚姻適齢にあること　　男性は満18歳，女性は満16歳に達しなければ婚姻をすることができない（民731条）。

　(ⅲ)　重婚でないこと　　配偶者のある者は，重ねて婚姻をすることができない（民732条）。

　(ⅳ)　再婚禁止期間内にないこと　　女性は，前婚の解消または取消の日から100日を経過しなければ，再婚することができない。もっとも，女性が前婚の解消または取消のときに懐胎していなかった場合，および女性が前婚の解消または取消の後に出産した場合には，この限りでない（民733条1項・2項）。

　(ⅴ)　近親婚でないこと　　優生学的理由と倫理的理由により，一定の範囲内にある親族者間においては，その婚姻が禁止されている。

① 直系血族または3親等内の傍系血族間（民734条）。例外として，養子と養方の傍系血族との間では認められる。
② 直系姻族間（民735条）。姻族関係が終了した後も同様である。
③ 養子，その配偶者，直系卑属またはその配偶者と養親または直系尊属との間（民736条）。離縁により親族関係が終了した後も同様である。

　(ⅵ)　父母の同意のあること　　未成年者の婚姻には，父母の同意がなければならない。父母の一方が同意しないとき，父母の一方が知れないとき，または死亡したとき，あるいは意思を表示することができないときは，他の一方の同意だけで足りる（民737条1項・2項）。

　(b)　**形式的要件**

　婚姻の届出があること。届出は，戸籍法の定めるところにより，当事者双方

および証人2人以上から，口頭または署名した書面で，これをしなければならない（民739条）。戸籍事務管掌者がその届出を受理したときが，婚姻成立の時期である。

（3）婚姻の効力
　婚姻によって夫婦は互いに配偶者たる身分を取得し，かつ，身分上および財産上で種々の法的効果が発生する。
　(a) **身分上の効果**
　(i) 夫婦同氏の原則　　夫婦は，婚姻の際に両者の協議により定めるところに従い，夫または妻の氏を称する（民750条）。新しく第3の氏を称することは許されない。
　(ii) 同居・協力・扶助の義務　　夫婦は同居し，互いに協力し扶助しなければならない（民752条）。夫婦間のこの義務は，夫婦共同生活の本質にほかならない。したがって，協議により住居を決めて同居し，精神・経済の両面において互いに協力し，共同生活の維持に努めなければならない。
　(iii) 貞操義務　　夫婦は相互に貞操を守る義務がある。貞操義務違反は法定の離婚原因になる（民770条1号）。
　(iv) 成年擬制　　未成年者が婚姻をしたときは，成年に達したものとみなされ（民753条），成年者と同様の行為能力を取得する。成年擬制を受けた者が，20歳に達する前に婚姻が解消しても，再び未成年者に戻ることはない。
　なお，この成年擬制は，私法上の関係においてのみ認められ，公法上の関係においては20歳に達するまでは未成年者である。
　(v) 夫婦間の契約取消権　　夫婦間の契約は，婚姻中であれば，いつでも夫婦の一方からこれを取消すことができる（民754条）。これは，夫婦間での契約は守らなくてもよいという趣旨ではなく，夫婦間の契約には通常の他人間の契約と同視できないものが多いし，また，それは当事者間の愛情と道義に基づいて履行されるべきものと考えられるからである。
　しかし，この契約取消権については，夫からの濫用により妻の地位が脅かされるおそれがあり，不都合な規定との批判が多い。そこで，判例（最判昭33・3・

6民集12・3・41など）は，この契約取消権が認められるのは正常な夫婦関係が継続していることが前提であり，夫婦関係が破綻に瀕しているときになされた契約は取消すことはできないと解している。

(b) **財産上の効果**

夫婦の財産の所属関係を明確にしておくことは，対外的にも対内的にも重要である。婚姻継続中における夫婦間の財産関係の定めを夫婦財産制といい，これには，当事者の契約によって定める契約財産制（約定財産制）と，この契約による定めのないときに適用される法定財産制とがある。

(i) 契約財産制　婚姻をしようとする当事者は，その財産関係について自由に契約をすることができる。この契約を夫婦財産契約という。この契約は，婚姻の届出前に結ばれねばならず（民755条），契約内容が法定財産制と異なるときは，婚姻の届出前にその登記をしなければ，これを夫婦の承継人および第三者に対抗することができない（民756条）。また，契約内容は，婚姻の届出後には，原則として変更することができない（民758条）。

(ii) 法定財産制　契約財産制は，実際上，ほとんど利用されておらず，夫婦の財産関係については，法定財産制が適用されている。法定財産制の内容は以下のとおりである。

〈夫婦別産制〉　夫または妻が婚姻前から有する財産および婚姻中に自己の名で得た財産は，それぞれの特有財産とする。夫婦のいずれに属するか明らかでない財産は，その共有に属するものと推定する（民762条1項・2項）。

〈婚姻費用の分担〉　夫婦は，その資産，収入その他一切の事情を考慮して，婚姻から生ずる費用を分担する（民760条）。

〈日常家事債務の連帯責任〉　夫婦の一方が日常の家事に関して第三者と法律行為をしたときは，他の一方は，これによって生じた債務について，連帯してその責任を負う（民761条）。この責任を免れようとすれば，夫婦の一方は前もって責任を負わない旨を第三者に予告しておかなければならない（民761条但書）。

（4）婚姻の解消

婚姻は，当事者の死亡と離婚によって解消する。

(a) **死亡による婚姻の解消**

配偶者の一方が死亡すれば，婚姻は当然に消滅し，夫婦たる身分上および財産上の関係は終了する。なお，生存配偶者と死亡配偶者の血族との間の姻族関係は，前述のように当然には終了せず，生存配偶者のその旨の意思表示によってのみ終了する（民728条2項）。また，生存配偶者は婚姻前の氏に復することができる（民751条1項）。復氏する場合は復氏とともに姻族関係を終了させるのが通常であるが，復氏と姻族関係の終了とは関係がなく，復氏して姻族関係を継続することも，姻族関係を終了させて復氏しないこともできる。

失踪宣告は死亡とみなされる（民31条）から，死亡と同様の効果を生ずる。失踪宣告者が生還して失踪宣告が取消されると，婚姻ははじめから解消しなかったことになるが，生存配偶者が善意で再婚しているときには，その効力は変わらず（民32条），これと両立しない前婚は復活しない。

(b) **離　　婚**

離婚は，当事者の意思に基づく婚姻の解消である。婚姻は男女の終生の共同生活を目的とするものであるから，離婚は婚姻の本質に反することになる。しかし，事実上破綻した婚姻共同生活の維持を法によって強制することは，無意味であり，また，当事者にとってもより不幸なことである。したがって，一定の要件のもとに離婚を認めることが妥当といえる。

日本では，離婚として，民法上の協議離婚と裁判離婚および家事審判法上の調停離婚と審判離婚の4種類がある。

（ⅰ）協議離婚　　夫婦は，協議により，理由のいかんを問わず，いつでも自由に離婚することができる（民763条）。これを協議離婚という。協議離婚は夫婦の合意と届出によってその効力が生ずるが，夫婦の間に未成年の子があるときは，いずれが親権者となるかを協議またはそれに代わる審判により決定し，それを離婚届に記載して届け出なければならない（民819条，戸籍76条）。

（ⅱ）裁判離婚　　裁判離婚とは，協議離婚，調停離婚が成立せず，審判離婚がなされないときに，夫婦の一方が法律上の一定の離婚原因に基づいて，他方に対し訴えを提起し，裁判所の判決によって成立する離婚であり，判決離婚ともいう。

民法の定める離婚原因は，次のとおりである（民770条1項）。
〈不貞行為〉　夫婦間の貞操義務に反する行為をいう。
〈悪意の遺棄〉　同居・協力・扶助の義務を不当に履行されないことをいう。
〈3年以上の生死不明〉生死不明とは，生存も死亡も証明できないことであり，その原因は問わない。3年の期間は，最後の音信の時から起算する。
〈不治の精神病〉　回復の見込みのない強度の精神病者である配偶者との婚姻の継続を法により強制することは不当と考えられるからである。
〈その他婚姻を継続しがたい重大な事由〉　何が婚姻を継続しがたい重大な事由であるかは，個々の事件の具体的事実について決定するしかないが，判例上の最も典型的な事由として「性格の不一致」がある。
　なお，以上の5つの具体的離婚原因があるときでも，裁判所は一切の事情を考慮して婚姻の継続を相当と認めるときは，離婚の請求を棄却することができる（民770条2項）。
　(iii)　調停離婚　　家庭裁判所の調停によって成立する離婚を調停離婚という。当事者間で協議離婚が成立しなかったときには，離婚原因の有無を問わず，家庭裁判所に調停の申立てをすることができ，また，離婚の訴えを提起しようとする者は，まず家庭裁判所に調停の申立てをしなければならない（家事257条）。調停により当事者間に離婚の合意が成立し，その旨が調停調書に記載されると，確定判決と同一の効力を有し，離婚が成立する。
　(iv)　審判離婚　　家庭裁判所は，離婚調停が成立しないとき，職権により離婚の審判をすることができる（家事284条）。これを審判離婚という。離婚の審判に対し一定の期間内に異議の申立てがないときは，確定判決と同一の効力を有し，離婚が成立する。
　(c)　離婚の効果
　離婚が成立したときは，婚姻によって発生した一切の法的効果は消滅する。
　(i)　復氏と祭祀の承継　　婚姻によって氏を改めた配偶者は，離婚によって当然に婚姻前の氏に復するが，離婚の日から3か月以内に届出をすれば，婚姻中の氏を引き続き称することができる（民767条1項・2項）。復氏者が祭祀財産を承継していたときは，協議または審判により，その承継者を定めなければ

ならない（民769条）。

　(ⅱ)　子の親権者の決定　　離婚により父母の共同親権は消滅するから，未成年の子があるときは，父母のいずれが親権者となるかを定めなければならない。協議離婚のときには協議またはそれに代わる審判により，裁判離婚のときには離婚の判決により決定される（民819条1項・2項）。離婚に際し，親権者とは別に子の監護者を定めることができるが，その手続きは親権者の場合とほぼ同様である（民766条1項）。

　(ⅲ)　財産分与　　離婚に際し，当事者の一方は相手方に対して財産の分与を請求することができる。財産分与について協議が調わないとき，または協議ができないときは，離婚の時から2年以内に，家庭裁判所に対して協議に代わる処分を請求することができる。請求を受けた家庭裁判所は，夫婦双方の協力の程度その他一切の事情を考慮して，財産分与をさせるべきかどうか，ならびに分与の額およびその方法を定める（民768条・771条）。

4　親　　　子

(1) 親子法の意義

　親子は，夫婦とともに最も自然的な人間関係であり，社会の基礎的単位を構成するものである。したがって，親子関係のあり方はそれぞれの時代によって異なり，それに応じて親子法も変遷してきている。一般的には，「家のための親子法」から「親のための親子法」を経て「子のための親子法」へと発展してきている。換言すれば，親子法は，家もしくは親の権威に基づく支配従属の原理によって親子関係を統制したところのものから，個人の尊厳を基調として子の保護を中心とする子のためのものへと進展してきており，わが民法も子のための近代的親子法である。

　現行法上の親子は，自然血族関係がある実親子のほか，養子縁組により親子関係を法的に擬制する養親子がある。

(2) 実　　子

実子は自然の血筋のつながり関係から生ずる。実子には嫡出子と非嫡出子（嫡出でない子）とがある。

(a) 嫡　出　子

嫡出子とは，法律上の婚姻関係がある夫婦の間に生まれた子であり，婚姻中に妻が懐胎して生んだ夫の子をいう。婚姻中に懐胎したものであるか，生まれた子が夫の子であるかについて，民法は，妻が婚姻中に懐胎した子は夫の子と推定し（民772条1項），婚姻成立の日から200日後または婚姻の解消もしくは取消の日から300日以内に生まれた子は，婚姻中に懐胎したものと推定する（民772条2項），との2段の推定をおいている。この嫡出推定を受ける子が夫の子でないときは，夫は訴えによりその子が嫡出子であることを否認することができる（民774条）。

(b) 非嫡出子（嫡出でない子）

非嫡出子とは，婚姻関係のない男女間に生まれた子をいう。従来，婚姻外の子を私生子と呼び，父が認知したときはこれを庶子といったが，現行法上では，婚姻外の子はすべてこれを非嫡出子と呼ぶ。

非嫡出子と母との親子関係は，分娩という事実により当然に発生するが，非嫡出子と父との親子関係は，認知により発生する。この認知には，自発的に認知する任意認知（民779条）と裁判上認知をさせられる強制認知（民787条）とがある。認知があったときは，父と認知した子との間の親子関係は，出生の時にさかのぼって効力を生ずる（民784条）。

なお，父に認知されている非嫡出子は，父母の婚姻により摘出子たる身分を取得し，認知されていない非嫡出子は，その父母の婚姻後に認知されたとき嫡出子たる身分を取得する（民789条）。これを準正という。

(3) 養　　子

養子制度とは，血縁上親子関係のない者の間に法律上親子関係を擬制する制度であり，その目的は変遷はあるにせよ，古来から利用されてきたものである。

わが国では，1987（昭和62）年の民法改正で特別養子制度が創設され，養子

制度は，従来からの養子（以下では，普通養子という）と特別養子の二本立となっている。

(a) 普通養子

普通養子は，養子縁組によって発生するものとされ，この縁組は，養親子関係を目的とする養親となるべき者と養子となるべき者との間の契約としてとらえられている。また，普通養子の法構造は，婚姻に類似するものとなっており，婚姻・離婚に関する諸規定がかなり準用されている（民799条・808条・812条・813条など）。

(i) 養子縁組の実質的要件

① 当事者間に養親子の関係を設定する意思があること。ただし，養子となる者が15歳未満のときは，その法定代理人が代わって縁組の承諾をすることができる（民797条）。

② 養親となる者は，成年者であること（民792条）。

③ 養子となる者は，養親の尊属または年長者でないこと（民793条）。

④ 後見人が被後見人を養子とするときは，家庭裁判所の許可を得ること（民794条）。

⑤ 配偶者のある者が未成年者を養子とするには，配偶者とともにしなければならない（民795条本文）。ただし，配偶者の未成年の嫡出子を養子とする場合または配偶者が意思表示ができない場合には，夫婦の一方のみでも縁組することができる（民795条但書）。

⑥ 未成年者を養子とするには，家庭裁判所の許可を得ること（民798条）。

以上の要件の中で①および⑤の要件を欠くときは，縁組意思なき場合として無効となり（民802条），②④および⑥の要件を欠くときは，縁組の取消を求めることができる（民803条〜808条）。

(ii) 養子縁組の形式的要件　養子縁組の届出をすること。この届出については，婚姻届に関する規定が準用されている（民799条・739条）。

(iii) 養子縁組の効果　養子は縁組の日から養親の嫡出子たる身分を取得し（民809条），養子と養親の血族との間にも法定血族関係が生ずる（民727条）。また，養子は養親の氏を称する（民810条）。

(iv) **離　縁**　　離縁とは，養子縁組を解消することをいい，離婚と同様に，民法上の協議離縁と裁判離縁，および家事審判法上の調停離縁と審判離縁の4種類がある。

　法定の離縁原因は，① 他の一方から悪意で遺棄されたとき，② 養子および養親の生死が3年以上明らかでないとき，③ その他縁組を継続しがたい重大な事由があるとき，である（民814条）。

　なお，15歳未満の養子の離縁については，離縁後に養子の法定代理人となる者が，代諾権者あるいは訴の当事者となる（民811条・815条）。

(v) **離縁の効果**　　離縁により縁組によって発生した法定血族関係は終了し（民729条），養子は縁組前の氏に復する（民816条1項）。なお，養子が祭祀財産を承継していたときは，関係者の協議または家庭裁判所の審判により，その承継者を定めなければならない（民817条）。

(b) **特別養子**

　特別養子は，親のない年少の子に親を与えるという「子のための養子」の確立を目指したものであり，実方との親族関係を消滅させ，養親の実子同様の扱いをするところに特徴がある。したがって，その縁組の成立要件，縁組の効果，離縁の可否などに関して，普通養子とはかなり異なったものとなっている。

(i) **縁組の成立要件**　　特別養子縁組は，養親となる者の請求に基づいて，以下の要件を充たす場合に，家庭裁判所の審判によって成立するいわゆる国家宣言型養子縁組である。

〈夫婦共同縁組〉　養親となる者は，配偶者のある者でなければならず，単身者は養親とはなれない。ただし，夫婦の一方が他方の嫡出子を養子とするときには，例外として単独縁組でもよい（民817条の3）。

〈養親の年令制限〉　養親となる者は，25歳以上の者でなければならない。ただし，夫婦の一方が25歳以上であれば，他方は20歳に達していれば足りる（民817条の4）。

〈養子の年令制限〉　養子となる者は，縁組の審判申立時に6歳未満でなければならない。例外として，養子となる者が6歳に達する前から養親となる者に監護されている場合は，8歳未満であってもよい（民817条の5）。

第5章　親族と法　　53

〈父母の同意〉　特別養子縁組の成立には，養子となる者の父母の同意がなければならない（民817条の6）。特別養子は，縁組成立と同時に養子と父母その他の親族との法律上の親族関係を消滅させる，いわゆる断絶養子であるため，少なくとも父母の同意が必要と考えられるからである。ただし，父母がその意思を表示することができない場合または父母による虐待，悪意の遺棄その他養子となる者の利益を著しく害する事由がある場合には，父母の同意は不要である（民817条の6但書）。

〈要保護性〉　特別養子縁組は，父母による養子となる者の監護が著しく困難または不適当であるなどの特別の事情がある場合に，子の利益のため特に必要があると認められるときに，審判によって成立させるものである（民817条の7）。

(ii)　縁組成立の方式　　特別養子縁組は，普通養子が当事者の合意により成立するのと異なり，養親となる者の請求により，家庭裁判所の審判によって成立する（民817条の2）。特別の審判方式をとるのは，特に子の健全な育成と利益の保護を図る必要があること，および実方との親族関係の断絶という重大な効果をもたらすことから，家庭裁判所が後見的立場から判断する必要があるからである。

なお，家庭裁判所は，その審判にあたっては，養親となる者に養子となる者を審判請求後6か月以上の期間現実に監護させ，その監護状況を考慮しなければならない（民817条の8第1項）。いわゆる試験養育であり，その期間は，特別養子縁組の申立てがあった時から起算される（民817条の8第2項）。

(iii)　縁組の効果　　特別養子縁組の成立により，特別養子は，普通養子と同様に養親の嫡出子としての身分を取得し（民809条），養親およびその血族との間に親族関係が発生する（民727条）。さらに，特別養子と実方の父母およびその血族との親族関係は，普通養子の場合と異なり，終了する（民817条の9）。ただし，夫婦の一方の嫡出子を他方が特別養子とするいわゆる連れ子養子の場合には，夫婦の一方である実親との親子関係および他の血族との親族関係は終了しない（民817条の9但書）。

(iv)　特別養子の離縁　　特別養子は，実親子と同様の親子関係の発生を目指

すものであるから，原則として，離縁は認められない。しかし，例外として，養親による虐待，悪意の遺棄その他養子の利益を著しく害する事由があり，しかも実父母が相当の監護をすることができる場合において，養子の利益のために特に必要があると認められるときは，家庭裁判所の審判により，離縁を認めている（民817条の10）。

この離縁の請求は，養子，実父母および検察官にかぎり行うことができ，養親側からの請求は認められない。

特別養子縁組について離縁の審判が確定すると，養子と実父母その他の血族との親族関係が復活する（民817条の11）。

（4）親　　権
(a) 親権の意義

親権とは，親が未成年の子を監護・教育するための権利義務の総称である。親権は，原則として父母が共同して行使するが（民818条3項），父母が離婚する際には，いずれかを単独親権者とする。非嫡出子に対しては母が親権を行い，父の認知した非嫡出子の親権は，父母の協議により父を親権者と定めたときに限り，父が親権者となる（民819条4項）。

(b) 親権の内容

親権の中心をなすものは，子の監護・教育であるが（民820条），このために必要な各種の権利として，子の居所指定権（民821条），懲戒権（民822条），職業許可権（民823条），財産管理権と子の財産に関する法律行為についての代表権（民824条）などを規定している。

(c) 親権の喪失

親権は子の利益および福祉のために認められるものであるから，親権者が親権を濫用し，または著しく不行跡であるときは，家庭裁判所は，子の親族または検察官の請求によって，その親権の喪失を宣告することができる（民834条）。また，親権者の管理の失当により子の財産を危うくしたときは，家庭裁判所は，子の親族または検察官の請求によって，その管理権の喪失を宣告することができる（民835条）。

親権は親の権利であるとともに義務でもあるから，いたずらな辞退は許すべきでないが，親権者にやむをえない事由があるときは，家庭裁判所の許可のもとに，その親権または管理権を辞退することができる（民837条）。

5　後見，保佐および補助

未成年者，成年被後見人，被保佐人および被補助人である制限能力者は，単独では有効な法律行為を行うことができない。しかし，それらの制限能力者も権利主体となることができることには変わりはなく，その身分上および財産上の権利は保護されなければならない。後見，保佐および補助の制度は，それらの制限能力者の利益の保護を図るために設けられたものである。

(1) 後　　見
(a) 未成年後見
未成年後見は，未成年者に対して親権を行う者がないとき，または親権を行う者が管理権を有しないときに開始する（民838条1号）。

未成年後見人は，最後に親権を行う者が遺言により指定した者（指定後見人，民839条），これがないときは家庭裁判所の選任した者（選定後見人，民840条）である。未成年後見人の任務や権利義務は，親権者の場合とほとんど同様である。

なお，未成年後見は，未成年被後見人の成年到達，婚姻，後見開始の審判の取消，死亡などによって終了する。

(b) 成年後見
成年後見は，後見開始の審判があったときに開始する（民838条2号）。

成年後見人は，家庭裁判所が後見開始の審判のときに，職権で選任する（民843条1項）。従来は，夫婦の一方が禁治産宣告を受けたときは，他の一方が後見人になるとされていたが，1999（平成11）年の改正でそれが廃止され，家庭裁判所は，審判により適任者を成年後見人として選任できるようになった。また，成年後見人の数は，1人でも複数でもかまわない（民843条3項）。

なお，成年後見人は，成年被後見人の生活，療養看護および財産管理に関する事務を行うにあたって，成年被後見人の意思を尊重し，かつ，その心身の状態および生活の状況に配慮しなければならない（民858条）。

　成年後見は，後見開始の審判が取消されたとき（民10条），または成年被後見人が死亡したときなどに終了する。

（2）保　　佐

　保佐は，心神喪失までは至らないが，精神上の障害により事理を弁識する能力が著しく不十分な者（たとえば心神耗弱者など）について，本人，配偶者および4親等内の親族その他の者の請求により，家庭裁判所の保佐開始の審判によって開始する（民11条・876条）。

　保佐人は，家庭裁判所が保佐開始の審判をするときに職権でもって選任されるが，その数は複数でもよく，また法人も保佐人となることができる（民876条の2）。

　保佐人は，後見人と異なり，一定の法律行為について同意権や取消権を有するにすぎないが（民13条・120条），家庭裁判所は，保佐開始の審判の請求ができる者（民11条）または保佐人の請求によって，被保佐人のために特定の法律行為について保佐人に代理権を付与する審判をすることができる（民876条の4）。

　保佐は，成年後見人と同様の事由によって終了する。

（3）補　　助

　補助は，心神喪失や心神耗弱までは至らないが，精神上の障害により事理を弁識する能力が不十分な者（たとえば軽度の痴呆者など）について，本人，配偶者および4親等内の親族その他の者の請求により，家庭裁判所の補助開始の審判によって開始する（民15条・876条の6）。

　補助人は，家庭裁判所が補助開始の審判をするときに職権でもって選任されるが（民876条の7），その数，資格および事務については，保佐人と同様である。

6 扶　　養

(1) 扶養の意義

　扶養とは，自己の力だけで生活を維持できない者，すなわち生活不能者を経済的に扶助することをいう。

　いつの社会にも，生活不能者は存在し，それをどのような形で保護・扶養するかは，社会または時代により異なってきている。一般的にいえば，家族的統制の強い時代には，その家族共同体，したがってそれを統轄する家長が扶養の責任を負担し（家族的扶養），家族共同体が崩壊して夫婦・親子からなる小家族へと移った時代には，扶養の責任はそれぞれの当事者である同居の親族が負担し（親族的・私的扶養），かかる親族のいない者については，国が扶養の責任を負担する（公的扶養）という方向に進んできた。

(2) 私的扶養と公的扶養

　今日の扶養制度は，私的扶養から公的扶養への発展過程にあるということができ，すべての人間の生存権の保障を責務とする現代国家は，国民についての扶養責任を全面的に引き受ける方向に進んでいる。しかしながら，現実問題として，私有財産制を認める国家にあっては，国家の財源に限界があり，また，国民の間に親類互助の観念が存在する限り，完全な国家的扶養制度の実現には困難な問題が多い。したがって，近親者間においては，親族的・私的扶養を1次的なものとし，公的扶養を2次的・補充的なものとすることは許されなければならない。

　このことは，憲法25条の理念を受けた生活保護法が，その1条において「国が生活に困窮するすべての国民に対し，その困窮の程度に応じ，必要な保護を行い，その最低限度の生活を保障するとともに，その自立を助長することを目的とする」と規定して，国家的扶養制度の確立を期しているが，同時に同法4条2項では「民法に定める扶養義務者の扶養及び他の法律に定める扶助は，すべてこの法律による保護に優先して行われるものとする」と規定して，私的扶

養を公的扶養に優先させていることからも明らかである。

(3) 私的扶養
(a) 私的扶養の種類
　民法の定める私的扶養には，夫婦間および親と未成熟子間の扶養と，その他の親族間の扶養とがある。前者は，夫婦・親子共同生活の本質から当然に要請される扶養で，自己と同程度の生活を保障する義務であり，生活保持の義務と呼ばれている。後者は，通常は共同生活を営まない親族間の扶養で，自己が社会的地位に応じた生活を維持した上でなお経済的余裕があるときに負担する義務であり，生活扶助の義務と呼ばれている。
　一般に扶養という場合は後者を指し，民法877条以下の扶養も後者である。
(b) 扶養当事者
　扶養の権利義務を有する者は，原則として，直系血族および兄弟姉妹相互間であり，特別の事情があるときは，家庭裁判所は審判により，3親等内の親族にも扶養の義務を負わせることができる（民877条1項・2項）。
　扶養義務者が数人ある場合に，扶養をなすべき者の順序，および扶養権利者が数人ある場合に，扶養義務者の資力がその全員を扶養するに足りないときの扶養を受けるべき者の順序は，当事者間の協議でこれを定め，協議が調わないときまたは協議することができないときは，家庭裁判所がこれを定める（民878条）。
(c) 扶養方法
　では，どのように扶養するか。扶養の程度および方法については，当事者間の協議でこれを定め，協議が調わないときまたは協議することができないときは，扶養権利者の需要，扶養義務者の資力その他一切の事情を考慮して，家庭裁判所がこれを定める（民879条）。

第6章 相続と法

1 相続の意義

　相続とは，人（被相続人）が死亡した場合に，一定の者（相続人）がその死亡した者に属していた財産上の権利義務を包括して承継することである。相続は，被相続人の死亡によって，その住所地において開始し（民882条・883条），生前相続は認められない。法律上の死亡には，自然死，失踪宣告による死亡および認定死亡がある（民31条，戸籍89条）。

　相続の方法は，時代・社会の進展に応じて，祭祀相続，身分相続および財産相続の順序で推移してきたといわれている。「家」の制度を認めていた旧民法上の相続は，家を統轄する戸主の地位を承継する身分相続を本体とし，それに財産相続が付随するという内容のいわゆる家督相続であったが，「家」の制度を廃止した現行民法上の相続は，財産の承継を内容とする財産相続だけとなった。

2 相続人の範囲と順位

　相続人には，被相続人と血縁関係にある血族相続人と被相続人の配偶者である配偶者相続人とがある。配偶者は常に相続人となれるが（民890条），血族相続人には順位があり，先順位者がいれば後順位者は相続人となることはできない（民889条）。

(1) 血族相続人
(a) 第1順位者

　被相続人の子である（民887条1項）。子が数人いれば，同順位の相続人となり，男女の別，実子・養子，嫡出子であると否とは問わない。胎児は，相続についてはすでに生まれたものとみなされ，相続人となることができる（民886

条)。

　被相続人の子が相続開始以前に死亡したとき，または相続の欠格・廃除により相続権を失ったときは，その者の子がこれを代襲して相続人となる（民887条2項・3項）。これを代襲相続という。なお，相続の放棄は代襲相続の原因とはならない。

(b) **第2順位者**
　被相続人の直系尊属である（民889条）。直系尊属の中では親等の近い者が優先し，実親・養親の区別はない。親等の同じ直系尊属が数人いるときは，すべて同順位の相続人となる。

(c) **第3順位者**
　被相続人の兄弟姉妹である（民889条）。数人いるときは，すべて同順位の相続人となる。兄弟姉妹の子には代襲相続が認められている。

(2) 配偶者相続人

　被相続人の配偶者は常に相続人となることができ，血族相続人がいれば，そのいずれの順位者とも同順位の共同相続人となる（民890条）。ここにいう配偶者とは，法律上の配偶者であって内縁関係にある配偶者は含まれない。

3　相　続　分

　相続人が1人の単独相続の場合には問題はないが，共同相続の場合には，相続財産に対する各共同相続人の相続する割合である相続分を定める必要がある。すなわち，各共同相続人は，その相続分に応じて被相続人の財産上の権利義務を承継するからである。

(1) 指定相続分

　被相続人は，遺言によって，共同相続人の相続分を定め，または相続分を定めることを第三者に委託することができる（民902条1項）。これを指定相続分という。その内容をどのように定めてもかまわないが，後述する遺留分に反す

ることはできない。被相続人が共同相続人中の1人もしくは数人の相続分だけを定め，またはこれを定めさせたときは，他の共同相続人の相続分は，法定相続分による（民902条2項）。

（2）法定相続分

相続分の指定がない場合には，各共同相続人の相続分は民法の定める法定相続分による。

(a) 配偶者と子が相続人の場合

配偶者の相続分と子の相続分は，それぞれ2分の1である（民900条1号）。子が数人あるときは，各自の相続分は均等である。

(b) 配偶者と直系尊属が相続人の場合

配偶者の相続分は3分の2，直系尊属の相続分は3分の1である（民900条2号）。直系尊属が数人あるときは，各自の相続分は均等である（民900条4号）。

(c) 配偶者と兄弟姉妹が相続人の場合

配偶者の相続分は4分の3，兄弟姉妹の相続分は4分の1である（民900条3号）。兄弟姉妹が数人あるときは，各自の相続分は均等であるが，父母の一方のみを同じくする半血の兄弟姉妹の相続分は，父母の双方を同じくする全血の兄弟姉妹の相続分の2分の1である（民900条4号但書）。

（3）代襲相続分

代襲相続人の相続分は，被代襲者の相続分と同じである（民901条1項）。代襲相続人が数人あるときは，各代襲相続人の相続分は，被代襲者が受けるべきであった部分を均等に相続するが，代襲者が被代襲者の非嫡出子の場合には，摘出子の2分の1となる（民901条1項但書）。兄弟姉妹の代襲者についても同様である（民901条2項）。子が相続人の場合には，再代襲が認められるが，この場合にも同様である。

（4）特別受益者の相続分

共同相続人中に，被相続人から，遺贈または生前贈与を受けた者（特別受益者）

があるときは，被相続人が相続開始の時において有した財産の価額にその贈与の価額を加えたものを相続財産とみなして，相続分を算定する。特別受益者の相続分は，この算定した相続分からそれらの遺贈または贈与の価額を控除した残額となるが，遺贈または贈与の価額がその相続分を超過する場合でも，その返還の必要はない（民903条）。

（5） 寄与相続人の相続分（寄与分）

共同相続人中に，被相続人の事業に関する労務の提供または財産上の給付，被相続人の療養看護その他の方法により被相続人の財産の維持または増加につき特別の寄与をした者があるときは，被相続人の相続開始の時において有した財産の価額から共同相続人の協議で定めた寄与分を控除したものを相続財産とみなし，民法の規定（900条～902条）によって算定した相続分に寄与分を加えた額をもってその者の相続分とする（民904条の2）。これは，被相続人の財産の増加または維持に対する貢献などを評価することにより，共同相続人の間の実質的公平を図ろうとする制度である。

4　相　続　欠　格

（1） 相続欠格の意義

相続人となる者（推定相続人）であっても，ある一定の事由に該当する行為を行った者は，正義・公平の観念から，法律上当然に相続人としての資格を失うものとしている。これが相続欠格の制度である。

（2） 欠格事由

① 故意に被相続人や先順位・同順位の相続人を死亡するに至らせ，または至らせようとしたために刑に処せられた者（民891条1号）。
② 被相続人の殺害を知っても告訴・告発しなかった者（民891条2号）。
③ 詐欺または強迫によって，被相続人の相続に関する遺言の作成・取消・変更を妨げた者（民891条3号）。

④ 詐欺または強迫によって，被相続人に相続に関する遺言をさせ，またはその取消・変更をさせた者（民891条4号）。
⑤ 相続に関する被相続人の遺言書を偽造・変造・破棄・隠匿した者（民891条5号）。

5　相続人の廃除

　相続欠格が法定事由の発生によって，法律上当然に相続人の資格を奪うものであるのに対し，廃除は法定事由のある場合に被相続人の意思に基づく家庭裁判所の審判によって，遺留分を有する相続人となる者（推定相続人）から相続権を奪う制度である。
　廃除の法定事由は，被相続人に対する虐待または重大な侮辱と推定相続人の著しい非行である（民892条）。この事由があるときには，被相続人は，生存中または遺言によって，家庭裁判所にその推定相続人の廃除の請求をすることができる（民892条・893条）。なお，廃除は，被相続人の意思を尊重する制度であるから，被相続人はその取消を求めることができる（民894条・895条）。

6　相続の承認と放棄

　相続が開始すると被相続人に属した一切の財産上の権利義務は，法律上当然に相続人に承継される。しかし，消極財産が積極財産を超えるいわゆる債務超過の場合に，相続人の意思に基づかずそれを負担させること，および相続人にとって利益となる場合でも，相続人の意思に反してまで相続を強制することは妥当ではない。そこで，民法は，相続人に相続の効果を受けるか否かの選択の自由を認めている。これが相続の承認および放棄である。

（1）相続の承認
(a)　単純承認
　被相続人の財産上の権利義務をそのまま無条件・無制限に承認することをい

う（民920条）。なお，相続人が自己のために相続の開始があったことを知った時から3か月以内に，限定承認または放棄をしなかったときは，単純承認したものとみなされる（民921条2号）。これを法定単純承認という。

(b) **限定承認**

相続人が相続によって得る財産の限度においてのみ被相続人の債務および遺贈を弁済すべきことを留保して相続を承認することをいう（民922条）。限定承認をするには，自己に相続の開始があったことを知った時から3か月以内に，相続財産の目録を調整してこれを家庭裁判所に提出し，限定承認する旨を申述しなければならない（民924条）。相続人が数人あるときは，共同相続人の全員が共同してのみ限定承認することができる（民923条）。

(2) **相続の放棄**

相続人が自己に生じた相続の効力を確定的に否認する意思表示による行為をいい，これにより相続人ははじめから相続人とならなかったものとみなされる（民939条）。共同相続の場合にも，各相続人は単独で相続を放棄することができる。放棄するには，相続人が自己のために相続の開始があったことを知った時から3か月以内に，放棄する旨を家庭裁判所に申述しなければならない（民938条）。

7　相続人の不存在

被相続人が財産を残して死亡した場合に，相続人がまったくいないか，または相続人のすべてが相続の放棄をしたときには，相続財産は，その全部または一部を被相続人の特別縁故者の請求をまって，家庭裁判所の審判により，分与することができる（民958条の3）。これが，特別縁故者への相続財産分与の制度である。

相続人も特別縁故者もいない場合は，相続財産は国庫に帰属する（民959条）。

8 遺留分

(1) 遺留分の意義

　私有財産制の下では，被相続人の生前の財産処分の自由と遺言による死後の財産処分の自由が保障されている。しかし，この財産処分の自由を貫くときには，すなわち，被相続人による相続人の一部または相続人以外の者に対する無制限な財産の贈与または遺贈を認めるときには，民法の採用する法定相続の制度はまったく無意味なものとなり，結果として被相続人の遺族の家庭生活の財産的基礎を破壊するおそれがある。

　そこで，私有財産処分の自由と被相続人の遺族の生活保障および共同相続人間の公平な財産相続という，2つの相対立する要求の妥協点として設けられたのが遺留分の制度である。したがって，遺留分とは，被相続人の一定の遺族に留保された相続財産の一定の割合をいい，被相続人が生前処分または遺言によって奪うことができないものである。

(2) 遺留分権利者とその割合

　遺留分を留保されている者（遺留分権利者）は，兄弟姉妹以外の相続人であり，その遺留分の額は，直系尊属のみが相続人であるときは相続財産の3分の1，その他の場合には相続財産の2分の1である（民1042条）。遺留分権利者が数人いるときは，各自の遺留分は自己の相続分の割合による（民1042条2項）。たとえば，相続財産が6000万円で共同相続人が妻と子供3人であるときは，その遺留分は2分の1の3000万円であり，これを妻と子供の相続分で分けると，妻の遺留分は1500万円，子供3人の遺留分はそれぞれ500万円ずつとなる。

　被相続人が遺留分を侵す生前贈与または遺贈をしたときは，遺留分権利者およびその承継人は，遺留分を保全するに必要な限度において，その贈与または遺贈の効力を取消し，その目的物または侵害価額の返還を請求することができる（民1046条）。これを遺留分の減殺請求権という。

　なお，遺留分権利者は，遺留分を放棄することができるが，相続開始前にそ

れを放棄するには家庭裁判所の許可が必要である。また，共同相続人の1人の遺留分の放棄は，他の共同相続人の遺留分に影響を及ぼさない（民1049条）。

9 遺 言

(1) 遺言とその方式

遺言とは，人が生存中に，財産の処分その他法定の事項，たとえば相続分の指定およびその委託（民902条）などについて，死後その効力を発生させる目的で一定の方式により行う単独行為をいう。

満15歳以上の者は，制限能力者であっても意思能力があるかぎり，法定代理人などの同意を得ることなく，遺言をすることができる（民961条）。

遺言はその作成の時に成立するが，その効力は遺言者死亡の時から発生する（民985条）ので，その効力が問題となるときには遺言者は生存せず，「死人に口なし」のたとえのように，その真意を確認することはできない。したがって，遺言は，遺言者の真意を確保するために厳格な法定の方式が要求され，その方式に従わない遺言はすべて無効となる。

民法の定める遺言の方式は，通常のときに従わなければならない普通方式と，この普通方式によることができない特別の事情のもとにある者に許されている臨時的な特別方式とがある。

(a) 普通方式

(i) 自筆証書遺言　遺言者が遺言の全文，日付および氏名を自書し，これに押印することによって作成する方式である（民968条）。自書することが絶対の要件であり，日付，氏名および押印のいずれか1つを欠いても無効となる。

(ii) 公正証書遺言　2人以上の証人の立会いのもとに遺言者が公証人に遺言の趣旨を口授し，公正証書に作成する方式である（民969条）。

(iii) 秘密証書遺言　遺言書そのものは自書する必要はないが，遺言者が押印の上，それを封入して内容を秘密にし，公証人から遺言であることの公証を受けることによって作成する方式である（民970条）。

(b) **特別方式**

(i) 危急時遺言　死亡の危急に迫った者のための遺言の方式であり，疾病その他の事由によって死亡の危急に迫った者がすることのできる一般危急時遺言（民976条）と，遭難中の船舶において死亡の危急に迫った者がすることのできる船舶危急時遺言（民979条）の2種類がある。

(ii) 隔絶地遺言　その所在が隔離されているために普通方式によることができない者のための遺言の方式であり，伝染病のため行政処分によって交通を断たれた場所に在る者がすることのできる伝染病隔離者遺言（民977条）と，船舶中に在る者がすることのできる船舶在中者遺言(民978条)の2種類がある。

（2）遺言の撤回（取消）

遺言は死者の最終の意思を尊重する制度であるから，遺言者は，生存中いつでも，その遺言の全部または一部を自由に撤回することができる。遺言の撤回は遺言の方式に従ってなされなければならないが（民1022条），必ずしも同一方式である必要はなく，たとえば，公正証書による遺言を自筆証書または特別方式による遺言で撤回することができる。

なお，民法は，以下の場合にはその遺言は撤回されたものとみなしている。

① 前後の遺言が抵触するときは，その抵触する部分（民1023条1項）。
② 遺言と遺言後の生前処分その他の法律行為とが抵触する場合には，その抵触する部分（民1023条2項）。
③ 遺言者が故意に遺言書を破棄したときは，その破棄した部分（民1024条前段）。
④ 遺言者が故意に遺贈の目的物を破棄したときは，その破棄した部分（民1024条後段）。

（3）遺言の執行

(a) **遺言書の検認と開封**

遺言の執行前の手続きとして，検認および開封がある。遺言書の保管者または遺言書を発見した相続人は，相続の開始を知った後，遅滞なくこれを家庭裁

判所に提出して，その検認を請求しなければならない。封印ある遺言書は，家庭裁判所において相続人またはその代理人の立会いのもとに，これを開封しなければならない（民1004条）。

これらは，遺言者の真意を確保するために要求される手続きであり，遺言書の提出を怠り，その検認を経ないで遺言を執行し，または家庭裁判所外においてその開封をした者は，過料に処せられる（民1005条）。

(b) **遺言の執行**

遺言が効力を生じた後に，その内容を実現するために必要な一切の事務を行うことである。

遺言は，その内容により執行を必要としないものもあるが，多くは執行を必要とする。遺言者は，遺言で遺言執行者を指定し，またはその指定を第三者に委託することができる。指定されていないとき，または指定された者が拒否したり，死亡したときなどには，利害関係人の請求によって家庭裁判所が遺言執行者を選任する（民1010条）。

遺言執行者は，遺言者の最終意思を遺言者に代わって実現する者であるから，遺言を実現するに必要な一切の行為をする権利義務を有し（民1012条），相続人といえども相続財産の処分その他執行者の職務執行を妨げる行為をすることは許されない（民1013条）。

第7章 企業と法

1 序　論

　わが国をはじめとする資本主義経済国家では，会社が経済活動の中心的役割を担っている。会社は私たちに消費物資を供給し，職場を提供し，また余剰資金の運用手段も提供している有益な存在である。会社が国民経済に果たしている役割はきわめて大きく，現代では重要な経済活動の大半が会社によって行われている。その反面，会社には株主などの出資者，従業員，債権者など，多数の利害関係者がいるため，会社が破綻した場合には，社会に大きな経済的損失を与える結果となる。また，欠陥商品を生産し，公害を発生させ，企業犯罪を犯すなどし，会社が消費者，地域社会，国や地方自治体に多大な被害を及ぼす場合も少なくない。

　そこで，会社の社会的に有用な機能および作用を促進させる目的だけでなく，多数の利害関係者や社会との利益の調和を図り，危険を分散するとともに取引の安全性を高める必要性が生じてくる。会社法は，こうした目的や必要性に応えることを目的とした法律である。

2　会社の経済的機能

　より多くの利益を獲得することを目的とした営利企業の企業形態は，個人企業と共同企業に大別することができる。個人企業は，個人が企業に出資して，自己の経営上の能力を十分に発揮しながら自ら経営にあたり，そこから発生する利益や損失のすべてを自己のものとする原始的な企業形態である。個人による出資や労力の補充には自ずと限界があると予測され，また全損失を個人で負担しなければならないことから，消極的な企業経営になりがちである。これに対して，共同企業は多数の人が企業に出資して共同で事業を営む形態であるか

ら，個人企業では実現できないような大資本と多くの労力を集中して，巨額の利益を収めることが可能になる。さらに，企業経営に伴う損失を多数の人で分担し軽減することで，危険を分散できるという利点がある。このような点から，社会経済の発展に伴い企業規模が拡大してくると，企業形態の重点は必然的に個人企業から共同企業へと移ってくる。共同企業の形態には，私人が出資し，営利を目的として設立される私企業である会社（会社2条1号），民法上の組合（民667条）および匿名組合（商535条）などがあり，非営利目的で設立される各種の協同組合や相互保険会社などもある。共同企業のうち，現代の経済社会において経済的機能面で最も重要であり，多数を占める形態は，営利企業としての会社形態である。会社は，その種類にかかわらず法人格を付与された（会社3条），構成員である個人から独立した別の存在である。したがって，構成員の死亡や交替などの個人的事情とは無関係に永久に存続することができる。また，資本の集中，労力の集中，危険の分散などの共同企業の特質は，会社，特に株式会社において最も合理的かつ有利に実現されている。現代の主要産業のほとんどすべてが，株式会社形態をもって経営されているのはこの結果である。

3　会社の概念

（1）営 利 性

　会社は営利獲得のために設立される営利団体である。なぜならば，会社がその事業として行う行為およびその事業のためにする行為はすべて商行為とされ（会社5条），会社が営利を目的としていることが前提とされているからである。ここでいう会社の営利性とは，法人である会社が，対外的営利活動によって獲得した利益を出資者である構成員に分配することを含んでいる（会社105条・453条・621条・628条）。構成員への利益の分配は，定期的な剰余金の配当の方法でも残余財産の分配の方法でもよく（会社105条1項1号・2号），また，剰余金を分配せずに社内に留保することもさしつかえない。しかし，剰余金を分配しない旨を定款に定めることは許されない（会社105条2項）。また，対外的な

営利活動によらないで，団体の内部活動によって，構成員間の相互扶助を目的とする相互保険会社，各種協同組合などの中間法人や国家，市町村などの公法人，学校法人，宗教法人などの公益法人が，その目的達成のため付随的に営利活動を行うことがある。しかし，それが本来の目的ではなく，得た利益を構成員に分配しないので，ここでいう営利性とは異なる。

（2）社団性

社団とは，一定の目的のために結合した人の集団のことである。団体には，構成員が比較的少なく，その個性が重視されるため，構成員が交替する場合，残存構成員が構成員選択権を有し，また，重要事項に関する団体意思を決定するために構成員の全員一致によることを原則とし，構成員の結合が個々の契約関係である「組合」（民法3編2章12節）がある。他方，構成員が多数であり，その個性が重視されないため，構成員の交替が自由であり，多数決原理が行われ，団体と構成員との関係は社員契約により直接に結合しているが，構成員間は団体を通じて間接的に結合する人の集団である「社団」がある。この分類によれば，株式会社の典型である上場大規模会社は社団的会社であり，比較的小規模な持分会社は，組合的会社であることになる。会社法に明文規定はないが，持分会社の構成員を「社員」と呼んでいることから，会社法は会社を社団であると解している。

会社法は複数の株主や社員が存在することを要求していない。しかし，株主や社員が単数の一人会社であっても，将来，株式または持分を譲渡することにより，容易に株主や社員を複数にすることが可能で，このことから潜在的社団性があると考えられている。したがって，一人会社も社団である。

（3）法人性

法人とは，自然人以外で権利義務の帰属主体となることができるものである。会社は，すべて法人であるから（会社3条），会社と構成員である社員とは別人格で，会社は会社自体の名において権利を有し，義務を負うことになる。したがって，商行為などの当事者となるのは，行為の実行者や構成員である社員で

はなく，法人である会社である。また，社員の出資は，社員の共有財産になるのではなく，会社財産となる。さらに会社は，会社自体の名において訴訟当事者となることができる。法人を認めることの意義は，会社をめぐる法律関係が，このようにきわめて簡単に処理される点にある。

　会社法上の4種類の会社の団体的構成の実質はそれぞれ異なる。株式会社は社団法人であり，合名会社，合資会社，合同会社は，社団法人ではあるが，組合的法人ともいいうる。この点から，外国法制では合名会社などに法人格を認めないものがある。

（4）法人格否認の法理

　法が会社を法人として，社員とは別個独立の権利主体性，すなわち法人格を認めるのは，会社に社会的に有用な機能および作用を営ませようとしているからである。しかし，ある会社について，法人として認める目的に照らして形式的に法人格を認めることが，その目的に反する場合がある。そのような場合には特定の法律関係について，個別的に法人格を否定し，会社とその背後にいる個人を法的に同一視するほうが妥当な場合がある。このような法理を「法人格否認の法理」という。解散命令（会社824条），設立無効の訴え（会社828条），設立取消の訴え（会社832条）のように，全面的に法人格を否定するものではなく，特定の関係者間の法律関係においてのみ，形式上存在する法人格を実質上存在しないものとして扱うのが法人格否認の法理である。

4　会社の能力

（1）権利能力

　会社は法人であるから，法律上，自然人と同様に権利主体としての地位を有することを認められており（会社3条），一般的権利能力を有している。しかし，その権利能力の範囲については必ずしも自然人と同様ではなく，会社の法人たる性質による制限，法令による制限および定款に記載された目的による制限がある。

(a) **性質による制限**

会社は法人であって自然人ではないから、自然人に特有の憲法上の基本的人権、私法上の身体および生命に関する権利、身分法上の権利義務などの身体の存在を前提とする権利義務を、その性質上有することはできない。しかし、会社の信用等を害した者に信用回復措置を求めることができる（不正競争14条）ことから、名誉権等については例外的に権利能力が及ぶものとされている。

(b) **法令による制限**

会社の法人格は立法政策上認められるから、法令上の制限があれば、当然その範囲においてのみ権利能力を有する。たとえば、会社が解散または破産したときは、清算の目的の範囲でのみ権利を有し義務を負う（会社476条・645条、破35条）のが、その例である。

(c) **目的による制限**

会社は法人であるから、判例および多数説は、「法人は、……目的の範囲内において、権利を有し、義務を負う。」という民法34条を会社に適用ないし類推適用することを認めている。すなわち、会社の権利能力は定款の目的の範囲内に制限され、その目的の範囲内でのみ法人格を認められ、この範囲外では権利義務を有していない。したがって、会社の機関が目的の範囲外の行為をしても会社の行為とはならず、行為者が無権代理責任（民117条）を負うことになる。しかし、最近では、目的による権利能力の制限を基本姿勢としながらも、会社の取引の安全を確保するため、制限を弾力的に解釈して会社の権利能力を広く認め、会社の目的外の行為は無効であると主張する抗弁をほとんど退けるに至っている。

（2）**意思能力および行為能力**

会社は身体を有しないので、会社自らが意思決定することができないから、会社の組織としての意思決定および行為は、会社の機関たる地位にある自然人により行われる。会社の組織の一部を構成する自然人を機関としてとらえ、その機関によって決定、表示された意思が、法律上、会社の意思であり、その行為は会社自身の行為とみるのである。この意味において、会社は意思能力を有

し，行為能力を有していることになる。

(3) 不法行為能力

　会社の行為能力を認める立場をとれば，会社の機関構成者の職務上の行為は会社の行為とされるから，機関構成者がその職務を行う上で他人に損害を与えた場合には，その行為は会社自身の不法行為となり，会社に損害賠償責任が生じる（会社 350 条・600 条）。なお，この場合に，その行為は機関構成者自身の不法行為とみることもできるから，会社と機関構成者とは，被害者に対して不真正連帯債務を負い，会社が全部または一部の賠償を支払った場合には，会社は不法行為を行った機関構成者に対して求償することができる。なお，機関構成者以外の使用人などの被用者が，会社の業務を行うにつき不法行為を行った場合には，会社は使用者としての責任を負うことになる（民 715 条）。

5　会社の種類・分類

(1) 会社法上の会社（株式会社・持分会社）

　会社法上の会社には，「株式会社」と「持分会社」の 2 つの類型がある。持分会社は，合名会社，合資会社，合同会社の 3 種類であるので（会社 2 条 1 号），会社の種類は 4 種に限定されている。わが国の会社法は，会社が取引先などの第三者に対する債務を負担することを前提として，会社の社員がそれを弁済する債務を負うか，また，どの程度弁済する債務を負うのかという，社員の責任の態様の相違を会社を区別するための標準としている。会社法がこのように会社の種類を限定した理由は，相手方に社員の責任を周知することで取引の安全を図るためである。

　会社の債務について，社員が全財産をもって無限にその履行責任を負担する場合を無限責任という。これに対し，会社の債務について，社員が一定限度においてのみ履行責任を負担する場合を有限責任という。また，会社債務について，社員が会社債権者に対し直接弁済する債務を負う場合を直接責任といい，そうでない場合を間接責任という。会社債権者に対して直接責任を負わない社

員も，会社に対して出資義務を負っており，この出資が会社を通して債権者の担保となるという意味で，間接的にではあるが責任を負っている。

(a) **株式会社**

株式会社の社員は，株主と呼ばれる。株主は，株式の払込みという形で会社に出資する義務を負うだけで（会社104条），それ以外の何らの責任も負わない。

株式会社の業務執行と会社代表については，株主総会で株主が資本多数決（原則的に1株1議決権）により取締役を選任し（会社329条1項），取締役全員が取締役会を構成し（会社362条1項），取締役会で経営上の意思決定を行い（会社362条2項1号），取締役会の互選により代表取締役を選定し（会社362条3項），その選定された代表取締役が業務を執行するとともに会社を代表する（会社363条1項1号・349条4項）。そして，取締役会および監査役が業務執行の監督をする（会社362条2項2号・381条1項）。これが株式会社の典型的なシステムである。会社財産は，会社債権者の責任財産とすべきであるとの観点から，株主への出資の払戻しは認められず，投下資本の回収は，原則として株式の譲渡による（会社127条）。

なお，会社法の施行に伴い，有限会社は会社法上の株式会社という類型に統合された。会社法施行前に設立された有限会社については，法的類型としては株式会社になり，「特例有限会社」として存続することが認められている。

(b) **合名会社**

合名会社は，会社債権者に対して直接無限の責任を負っている，1人以上の無限責任社員のみで構成されている持分会社である（会社576条2項）。会社法では，法人も無限責任社員になることを認められることになった（商55条削除）。合名会社の社員は定款に別段の定めがある場合を除いて，会社の業務を執行する権限を各社員が有している（会社590条1項）。そして，業務を執行する社員が合名会社を代表する（会社599条1項）。したがって，合名会社は，「所有と経営」が分離しておらず，全社員が密接な人的関係のもとで企業を共同運営するのに最も適した会社である。

(c) **合資会社**

合資会社は，無限責任社員と有限責任社員のそれぞれ1人以上から構成され

ている持分会社である（会社576条3項）。有限責任社員は，定款記載の出資額（会社576条1項6号）を限度とした有限責任を負う社員である。ただし，未履行の出資額については会社債権者に対して直接責任を負う（会社580条2項）。

　合名会社と同様に，定款に別段の定めがある場合を除いて，合資会社の各社員は，会社の業務を執行する権限を有し（会社590条1項），業務を執行する社員が合資会社を代表する（会社599条1項）。

　(d)　合同会社

　合同会社は，会社法で創設された新しい種類の持分会社である。合同会社は1人以上の社員全員が有限責任社員で（会社576条4項），定款記載の出資額（会社576条1項6号）を限度とした有限責任のみを負う。株式会社と同様に，会社債権者保護のため，会社設立登記までに出資額全部の払込みまたは出資する財産の全部を給付しなければならないことから（会社578条），合同会社の社員となった者は，すでに出資義務を果たしており，それ以上の責任を負うことはないので，結果的に間接責任化している。合同会社の業務執行と会社代表については，合名会社，合資会社の場合と同様である（会社590条1項・599条1項）。

（2）人的会社と物的会社

　この分類は，会社の経済的活動が社員の人的条件に重きをおくか，あるいは会社財産に重きをおくかという点を区別の標準にしている。人的会社は，社員が会社債務について，対外的に直接に連帯責任を負う会社であり，社員個人の信用などの人的要素が重視され，対内的には社員相互の信頼関係により会社が維持される。一方，物的会社は社員が対外的に責任を負わず，対内的にも一定限度しか責任を負わない（有限責任）会社である。対外的信用の基礎として会社財産が重視され，対内的にも社員相互の信頼関係を基礎としていない。したがって，合名会社が人的会社の典型（合資会社はその亜種）であり，株式会社が物的会社の典型である。合同会社は，他の持分会社である合名会社や合資会社と同様に，会社の組織や運営に社員の個性が強く反映されることから人的会社といえるが，会社の信用の基礎は会社財産にあるので，物的会社の特徴ももっている会社形態である。

（3）親会社と子会社

　親会社とは，株式会社を子会社とする会社その他の当該株式会社の経営を支配している法人として法務省令で定めるものをいい（会社2条4号），子会社とは，会社がその総株主の議決権の過半数を有する株式会社その他の当該会社がその経営を支配している法人として法務省令で定めるものをいう（会社2条3号）。親子会社関係の有無の判断は，持株により株主総会における議決権行使を通じて会社を支配しうる関係だけでなく，実質的に支配しているか否かもその判断基準としている。

　親子会社と認定された場合には，子会社による親会社株式の取得が原則として禁止される（会社135条1項）。また，親会社の監査役は，子会社に対し事業報告を請求し，かつ子会社の業務，財産状況を調査する権限が与えられる（会社381条3項）。親会社の監査役は，子会社の取締役，支配人その他の使用人，会計参与，執行役を兼ねることができない（会社335条2項）。親会社の株主には，子会社の株主総会議事録等の閲覧権が認められる（会社318条5項）。

（4）大会社とそれ以外の会社

　大会社とは，最終事業年度にかかる貸借対照表に資本金として計上した額が5億円以上であるか，最終事業年度にかかる貸借対照表の負債の部に計上した額の合計額が200億円以上であるかのいずれかの要件を充たす会社である（会社2条6号）。公開会社でない会社および委員会設置会社を除いて，大会社には監査役会および会計監査人の設置が義務づけられる（会社328条1項）。また，公開会社でない大会社でも，会計監査人をおかなければならない（会社328条2項）。大会社には，倒産や不正の防止の観点から，それ以外の会社よりも厳格な監査などが要求される。

（5）公開会社・公開会社でない会社（非公開会社，株式譲渡制限会社）

　公開会社とは，発行する株式の全部または一部の株式の内容として，譲渡による株式の取得について，その株式会社の承認を要する旨（株式譲渡制限）の定款規定のない株式会社をいう（会社2条5号）。すなわち，発行する株式の一

部が譲渡制限されていても公開会社になる。他方，発行済株式全部に譲渡制限の定款規定のある株式会社は，公開会社でない会社である（非公開会社・株式譲渡制限会社）。

6　株式会社の特質

（1）株式制度

　株式とは，出資と引き換えに得る株式会社の社員（出資者）たる地位が，均一に細分化され，割合的単位をとったものである。社員の地位を株式とすることで，株式会社における多様な法律関係の処理が簡易化され，株式の譲渡も容易に行える。たとえば，合名会社などの持分会社においては，各社員の持分の大きさが異なる。しかし，多数の常に変動する社員から構成されることが予定されている株式会社においては，持分会社の持分のように不均一とすると，議決権や剰余金配当などの計算や株式を譲渡する際の価額の計算が複雑，困難になる。そこで会社法は株式会社において，持分を均一に単位化した株式とし，社員たる地位の個性を喪失させることで，計算などの事務処理を簡易化している。そして同時に株式の譲渡を容易にし，株式の流通性を高めている。また，社員の地位を細分化するのは，株式会社へ少額の出資を可能にすることで，多数人が社員（株主）になることを期待できるからである。

（2）株主の有限責任

　株式会社の出資者である株主は，会社に対して，その有する株式の引受価額を限度とする有限の出資義務を負うだけで，会社債権者に対して何らの責任も負わない（会社104条〔株主有限責任の原則〕）。株主は，会社債権者に対して直接に責任を負わないが，会社に対して出資義務を負っていることから，株主の出資が会社を通して間接的に会社債権者に対する担保となっている（間接有限責任）。株主に有限責任を認めるのは，株主になろうとする者の出資に伴うリスクの予想を容易することで，多数の者が安心して会社に資本参加できることを目的としているからである。

(3) 資本制度

　株主有限責任の原則が認められる結果，会社の信用の基礎となるものは会社財産のほかには存在しないことになる。したがって，会社財産を唯一の担保とする会社債権者の利益を確保するため，また，会社自身の信用を維持するためにも，会社が少なくとも一定の金額に相当する財産を保有することが必要となる。そこで，「会社財産を確保するための基準となる一定の計算上の金額」を資本金として定め（会社445条1項），これを公示させるとともに（会社911条3項5号），会社の存続中は，資本金に対応する会社財産を保有することが厳格に要求される（資本維持の原則）。

7　株　　式

(1) 意　　義

　一般に出資者である社員の会社に対する法律上の地位を社員権と呼び，株式会社では，これを株主権と呼んでいる。株主は株式会社の社員（構成員）として，実質的には株式会社の共同所有者たる立場にあるが，会社が法人とされているため，株主は会社に対して一定の法律関係または法律上の地位を有することになる。この法律関係または法律上の地位が株式であるといえる。株式の均一な単位化は，会社が大量な法律関係を機械的かつ迅速に処理するのに便利であるだけでなく，株式を譲渡して株主が投下資本を回収するのを容易にしている。株式会社が大規模企業に適するといわれるのは，株主の責任を，会社に対する有限の出資義務にとどめているからだけでなく（会社104条），株式によって個性のない多数人の株式会社への参加を容易にし，巨大資本の形成を可能にしているからである。

(2) 株主の権利義務

　株主の権利の多くは会社法が規定しているが，定款または株主総会の決議によって定められることもある。株主の権利は，その目的や行使方法などの相違によって分類されるが，主なものを以下に述べる。

(a) **株主の権利**

〈自益権・共益権〉 権利行使の目的になっている利益の性質の相違による分類である。自益権は，株主が会社から直接に経済的な利益を受けることを目的として，自己のみの利益のために行使する権利である。剰余金配当請求権（会社105条1項1号），中間配当請求権（会社454条5項），残余財産分配請求権（会社105条1項2号），株式買取請求権（会社116条1項・469条1項・785条1項），新株引受権（会社202条1項）などがこれに属する。共益権は，株主が会社の管理，運営に参加することを目的として，株主が自己の利益とともに会社の利益のために行使する権利である。株主総会における議決権（会社105条1項3号），株主総会招集請求権（会社297条1項），株主総会決議取消訴権（会社831条1項），役員の解任請求権（会社854条1項），帳簿閲覧権（会社433条1項）などがその例である。

〈単独株主権・少数株主権〉 株主の権利行使の方法による分類である。単独株主権は，株主の有する持株数を問わず，株主が単独で行使できる権利である。前述の自益権は，その性質からすべて単独株主権に属する。少数株主権は，総議決権数の一定割合以上または一定数以上の株式を有する株主のみが行使できる権利である。株主提案権（会社303条1項・304条），株主総会招集請求権（会社297条1項），株主総会検査役選任請求権（会社306条1項），役員の解任請求権（会社854条1項），解散請求権（会社833条1項）などが少数株主権に属する。

(b) **株主の義務**

株主は，株式の引受価額を限度とする有限の出資義務を会社に対して負うだけで（会社104条），それ以外の義務をまったく負わない（株主有限責任の原則）。ここでいう株主とは，正確には株式引受人であるが，出資義務を履行し，株主となった後は何らの義務を負担することはない。

（3）株主平等の原則

会社法は，株式会社について，株主をその有する株式の内容および数に応じて，平等に取り扱わなければならないという株主平等の原則を明定している（会社109条1項）。持株数に応じて取り扱われることから，実質的には株式平等の

原則といえる。この原則により，多数決の濫用による少数株主への不利な取扱いがなされることの防止が期待できる。

　会社法は定款の定めにより，内容の異なる種類の株式（種類株式）を発行することを認めているが（会社108条），異なる内容の種類株式について同じ取扱いをする必要はなく，同じ内容の株式について，株式数に応じて平等に取り扱うことを明確にしていることから，種類株式は株主平等原則の例外ではない。しかし，会社法は，公開会社でない株式会社が，剰余金配当請求権，残余財産分配請求権，議決権（会社105条1項）に関して，株主ごとに異なる取扱いを行う旨を定款で定めることができると明示している（会社109条2項）。このような定款の定めがある場合は，当該株式を種類株式とみなす（会社109条3項）と規定していることから，株主平等の原則に対する法定の例外と考えられる。また，少数株主権として，一定の議決権や株式数を所有する株主のみが行使できる権利（少数株主権）が法定されている。たとえば，株主提案権（会社303条1項）や役員の解任請求権（会社854条1項）なども株主平等の原則の法定の例外である。

（4）株式の内容

　会社法は，株式会社にその発行する全部の株式の内容として，以下の特別な事項を定めた株式を発行することを認めている（会社107条1項）。

① 譲渡による当該株式の取得について，当該株式会社の承認を要すること（譲渡制限株式）。
② 当該株式について，株主が当該株式会社に対して，その取得を請求することができること（取得請求権付株式）。
③ 当該株式について，当該株式会社が定款に定めた一定の事由が生じたことを条件として，これを取得することができること（取得条項付株式）。

　なお，株式の内容についての特別の定めがある株式を発行した場合は，全部の株式の内容が同じであるので，種類株式ではない。

（5）異なる種類の株式（種類株式）

　株式会社は，内容の異なる2種類以上の株式（種類株式）を発行することが

できる（会社108条1項）。種類株式を発行するには，種類株式の内容および発行可能種類株式総数を定款で定めなければならない（会社108条2項）。

　会社が種類株式を発行した場合，ある種類の株主に損害を及ぼすおそれがあるときは，その種類の株主の総会（種類株主総会）の決議を要する（会社322条1項）。ただし，種類株主総会を要しない旨を定款で定めることができる（会社322条2項）。

(a)　剰余金の配当，残余財産の分配についての種類株式

　優先株式は，剰余金の配当（会社108条1項1号）や残余財産の分配（会社108条1項2号），または，その両方について，標準となる普通株式よりも優先的内容をもつ株式である。劣後株式（後配株式）は，剰余金の配当や残余財産の分配にあたって，普通株式より権利の劣っている株式である。また，ある権利について優先的内容をもつが，他の点では劣後的内容をもつ混合株式の発行も許される。

　優先株式は，普通株式に比して高配当である反面，議決権制限株式であるなど，株主の権利が制限されている場合が多い。劣後株式は，相対的に普通株式を有利にみせる効果があるので，発起人や経営者など，発行会社と特殊な関係にある者が株主となるのが一般的である。

(b)　議決権制限株式

　株式会社は，株主総会の全部または一部の事項について，議決権を行使できない株式（議決権制限株式）を発行することができる（会社108条1項3号）。議決権制限株式を有する株主は，議決権が制限される事項については，その議決権の存在を前提とする権利を有しないが，それ以外の決議事項や種類株主総会では議決権が認められる。しかし，株式譲渡制限を設ける定款変更決議（会社111条2項）など，ある種類の株式を有する種類株主に損害を及ぼすおそれがある場合は，議決権制限株式の株主であっても，その種類株主総会において議決権を行使できる（会社322条1項）。

　種類株式発行会社が公開会社である場合において，議決権制限株式が発行済株式総数の2分の1を超えたときは，直ちにその数を2分の1以下にするための措置をとらなければならないが（会社115条），それ以外の会社には制限がな

い。

(c) **譲渡制限株式**

株式会社は定款に定める（会社108条2項4号）ことにより，すべての株式または一部の株式について，譲渡による株式の取得に会社の承認を要する株式（譲渡制限株式）を発行できる（会社2条17号・107条1項1号・108条1項4号）。大規模会社では，株主は無個性で問題とならないが，同族会社などの閉鎖的株式会社においては，既存の株主関係が崩されないよう譲渡制限株式の根強い需要がある。

(d) **取得請求権付株式・取得条項付株式・全部取得条項付株式**

取得請求権付株式は，株主から会社に対して当該株式の取得を請求できる株式である（会社2条18号・107条1項2号・108条1項5号）。また，取得条項付株式とは，一定の事由が生じたことを条件として，会社が当該株式を取得できる権利を有する株式である（会社2条19号・107条1項3号・108条1項6号）。取得の対価は，あらかじめ定款で定めておくことができる（会社108条2項5号・6号）。

全部取得条項付種類株式とは，2種類以上の株式を発行する株式会社において，そのうち1種類の株式の全部を株主総会の特別決議（会社309条2項3号）によって会社が取得できる旨が定款に定められている種類株式である（会社108条1項7号・171条1項）。いわゆる100％減資が要求されるような場合など，会社が発行するすべての株式を取得する必要がある場合のために発行することが認められている。

(e) **取締役・監査役の選任に関して内容の異なる株式**

株式の譲渡につき会社の承認を要する旨を定款で定めている会社（会社107条2項1号），いわゆる譲渡制限会社で委員会設置会社でない会社は，その種類の株主総会（他の種類株主と共同の総会も含む）における取締役および監査役の選任に関して，内容の異なる種類株式を発行することができる（会社108条1項9号）。たとえば，A種株式をもつ株主の種類株主総会では取締役1人を選任し，B種株式をもつ株主の種類株主総会では取締役3人を選任する権利を与えるというように，種類株主総会ごとに取締役あるいは監査役を選任することが可能である。

(f) 拒否権付株式（黄金株）

　拒否権付株式は，株主総会（取締役会設置会社にあっては株主総会または取締役会，清算人設置会社にあっては株主総会または清算人会）において決議すべき事項のうち，株主総会決議に加えて，その種類の株式の種類株主を構成員とする種類株主総会の決議が必要とされる種類株式である（会社108条1項8号）。したがって，拒否権付株式が発行されている場合には，合併や取締役の選任などの特定の事項を株主総会で議決しても，当該種類株主総会の決議がなければ，その効力は生じない（会社323条）。さらに，拒否権付株式を譲渡制限株式にしておけば，他の企業からの敵対的買収に対する防衛策として活用することも可能である。

8　会社の機関

(1) 意　　義

　会社は出資者である多数の社員（株主）からなる法人であるが，たんなる多数社員の結合体ではなく，社員とは独立した存在である。会社は，社員とは別に自己の意思を有し，かつ，自ら行動する能力を有している。しかし，会社は自然人と異なり身体を有しないから，会社の意思決定や対外的活動は，会社において一定の権限を有し，その行為が会社の意思または行為と評価される自然人または組織（会社の機関）によってなされる。したがって，会社が会社として存在するためには，活動の基礎としての会社機関の存在が不可欠である。

(2) 機関の分化

　会社の機関構成は，株式会社と持分会社とで異なる。持分会社では，出資者（会社578条・580条）である総社員の同意によって基本的事項を決定し（会社637条），原則的に各社員が当然に会社の業務を執行し（会社590条），会社を代表する（会社599条）。社員は，社員たる地位において，当然に会社機関を構成している。すなわち，社員たる地位と機関としての地位が分離しておらず，会社機関の観念が明瞭にはあらわれていない。これに対し，株式会社では，株主

によって最高意思決定機関である株主総会（会社295条）が構成され，取締役会設置会社にあっては，株主総会は取締役会の構成員である取締役および監督機関である監査役を選任し（会社329条・327条2項），取締役会が互選により代表取締役を選定して（会社362条3項），会社業務の執行を社員とは別の機関に委ねている。このように株式会社では，社員（株主）としての地位と機関としての地位の分離が徹底されており，機関相互の分化が，他の団体や会社に例をみないほど進んでいる。株式会社におけるこのような意思決定機関，業務執行機関および監督機関の分化は，近代国家における立法，行政，司法の三権分立思想に類似するものである。株式会社制度は，このように徹底した機関の分化による牽制と調和のもと，会社の目的に適合した業務執行を確保し，私的利益の合理的調整を図っている。

（3）「所有と経営」の分離

　株式会社では，出資者である株主が業務執行者を選任し，この業務執行者が事業経営に関する意思決定と業務を執行する。これは，多数の出資者がいちいち経営上の意思決定を行ったり，業務を執行していては多大なコストや労力が必要になるうえ，企業活動に要求される迅速性にも反し，現実的に困難なためである。すなわち，会社法は，株式会社の出資者である株主と業務執行者を分離し（「所有と経営」の分離），業務執行者に経営権を集中させている。

（4）株式会社の機関構成

　会社法は，有限会社を株式会社の一種として会社法に統合したため，株式会社制度は小規模閉鎖的な株式会社から大規模公開の株式会社まで，様々な規模の会社に対応することになった。そのため会社法は，会社自らが会社規模や実情に応じて自由に機関設計することを認めている（会社326条2項）。たとえば，株式譲渡制限会社である中小会社においては,最もシンプルな機関構成として，株主総会および取締役1人のみの機関設計が可能である。他方，公開会社である大会社では，株主が不特定多数でかつ会社債権者などの利害関係者も多数であることから，倒産防止，コーポレートガバナンス（企業統治）強化の観点から，

株主総会，取締役会，代表取締役，監査役会，会計監査人をおく監査役会設置会社，または，取締役会，三委員会，執行役，会計監査人をおく委員会設置会社を選択することができる。このように会社規模，株主数，公開性などの区別により，それぞれに数種の機関構成を選択することができる。その選択肢の数は40種類近くにのぼる。

（5）株式会社の機関の種類
（a）株主総会

株主総会は，株式会社の基本的事項について会社の意思を決定するため，決算期ごとの定時に，また，必要な場合は臨時に開催される必要的機関である（会社296条1項・2項）。会社の実質的所有者である株主から構成される株主総会は，取締役会を設置しない会社の場合には，会社法に規定する事項および株式会社の組織，管理，運営など，株式会社に関する一切の事項について決議することができる万能の機関である（会社295条1項）。一方，取締役会設置会社においては，会社の合理的運営を確保するため，会社法に規定する事項および定款で定めた事項に限り決議することができる（会社295条2項）。それ以外の事項については，株主総会ではなく，取締役会や業務執行者（執行役，業務執行取締役または代表取締役）により決定される。しかし，定款変更（会社466条），取締役，監査役の選任，解任（会社329条1項・339条1項）など，会社の基本的事項については株主総会の専決事項で，それ以外の機関が決定する旨の定款の定めは効力を有しないことから（会社295条3項），株主総会が株式会社の最高意思決定機関であることに変わりはない。

株主総会の意思決定は，多数決により行われる。人的会社におけるような，1人1議決権の頭数多数決ではなく，1株1議決権という出資の大きさに応じた資本多数決である（会社308条1項）。資本多数決制度のもとでは，多数の株式を有する株主，つまり多額の出資をした株主がより強い発言権を有している。このような株主は，大きな利益を得る可能性がある反面，多額の損失を受ける危険があるので，より強い発言権をもつのは当然である。そして，多数決に敗れた株主のため，株式買取請求権（会社116条等），取締役や監査役の解任訴権

（会社854条）が認められている。

また，株主総会の形骸化を防止するため，株主提案権（会社303条1項），株主総会における取締役，監査役の説明義務（会社314条），総会議長の権限の明確化（会社315条），少数株主の総会招集の請求（会社297条1項）などの規定がおかれている。

(b) 取締役・取締役会および代表取締役

営利を目的とする私企業は，出資者（所有者）によって支配され，運営されるのが建前である。したがって，株式会社においても，出資者である株主が株主総会決議を通じて意思を決定し，会社を支配している。しかし，多数の株主自らが会社の経営を直接行うことは，機動性や効率性，経営に関する知識や能力から判断して，実際上不可能と思われる。そのため株主は，株主総会で選任した経営の専門家に会社の経営を委ねざるをえない。株主総会決議により会社の運営を委任された者（会社329条1項）が取締役である（会社326条1項）。業務の決定および代表を含む業務執行については，取締役が1人の場合は，その取締役が行う（会社348条1項・349条1項）。また，2人以上の取締役がいる場合は，業務執行に関する意思決定を取締役の過半数の賛成で決定し（会社348条2項），代表を含む業務執行を各取締役（会社348条1項・349条1項），または取締役の中から選ばれた代表取締役が行う（会社349条1項但書・4項）。しかし，公開会社，監査役会設置会社，委員会設置会社においては，3人以上の取締役全員で構成される取締役会をおかなければならず（会社327条1項・331条4項），これが多数決により業務を決定し（会社369条1項・362条2項1号），さらに取締役会により選任される代表取締役（会社362条2項3号）および内部的な業務のみを行う業務執行取締役が業務を執行し（会社363条1項2号），代表取締役が会社を代表する（会社349条4項）。取締役会設置会社では，業務執行機関は業務に関する決定機関，執行機関，代表機関に分化している。

なお，委員会設置会社においては，業務の執行を取締役が行わず，取締役会によって選任された執行役が行う（会社402条2項・418条2号）。さらに，取締役会が委任した場合には，執行役が業務に関する意思決定も行う（会社418条1号）。そして，執行役（2人以上の場合は代表執行役）が会社を代表する（会社

420 条 1 項・3 項)。

(c) 監査役および監査役会

　監査役は，取締役の職務の執行を監査することを任務とする機関である（会社 381 条 1 項)。株主総会の取締役に対する業務の決定および執行についての監査，監督機能を実質化し，補完する目的で設置される。監査には，毎決算期に取締役が作成する計算書類および附属明細書（会社 435 条）を主な資料として，監査報告を作成する会計監査と，会計資料に表れる事項であるか否かを問わず，取締役の行為を監査の対象とする業務監査がある（会社 381 条)。業務監査は，法令，定款違反の有無を調査することで，取締役の行為の妥当性まで判断することは含まれない。公開会社でない株式会社（監査役会設置会社および会計監査人設置会社を除く）は，監査役による監査を会計監査に限定することができる（会社 389 条 1 項)。

　監査役の権限の主たるものは，その会社または子会社の取締役および会計参与ならびに支配人その他の使用人に対して事業の報告を求め，会社の業務および財産の状況を調査することである（会社 381 条 2 項・3 項)。

　会社法では，株式会社に絶対的に必要な機関は，株主総会と取締役 1 人のみで，監査役の設置は任意である（会社 326 条 2 項)。したがって，大会社以外の会社および公開会社でない会計参与設置会社では，監査役の設置は任意である（会社 326 条 2 項・327 条 2 項但書)。しかし，取締役会設置会社および会計監査人設置会社（委員会設置会社を除く）は，監査役を設置しなければならない（会社 327 条 2 項・3 項)。

　大会社（公開でない会社および委員会設置会社を除く）は，監査役会を設置しなければならない（会社 328 条 1 項)。監査役会は，常勤の監査役 1 人以上（会社 390 条 3 項）および社外監査役が過半数である 3 人以上の監査役から構成されている（会社 335 条 3 項)。監査役会では多数決による意思決定をせず，各監査役が独自に監査権限を行使する独任制の監査，監督機関である。

　監査役の職務の性質上，取締役やその他の使用人との兼任が禁止されている（会社 335 条 2 項)。

(d) **会計監査人**

　会計監査人は，取締役，特に社外取締役や監査役が適切に職務遂行するために必要な，正確で信頼できる会計情報を提供する目的で設置される機関である。そのため，会計監査人は，株式会社の計算書類（会社 435 条），その附属明細書，臨時計算書類（会社 441 条）および連結計算書類（会社 444 条）を監査する権限を有する（会社 396 条 1 項）。また，会計監査人は，いつでも会計帳簿，または，これに関する資料の閲覧および謄写をし，取締役，会計参与，支配人およびその他の使用人に対し，会計に関する報告を求めることができる（会社 396 条 2 項）。さらに会計監査人は，職務を行うため必要があるときは，子会社に対して会計に関する報告を求め，または，会社もしくは子会社の業務および財産の状況の調査をすることができる（会社 396 条 3 項）。計算書類などを監査した後は，法務省令で定めるところにより，会計監査報告を作成しなければならない（会社 396 条 1 項）。

　委員会設置会社または大会社は，会計監査人を設置しなければならず（会社 327 条 5 項・328 条），それ以外の会社は，会計監査人を任意に設置できる。

(e) **会計参与**

　会計参与は，取締役（委員会設置会社にあっては執行役）と共同で，計算書類（会社 435 条），その附属明細書，臨時計算書類（会社 441 条）および連結計算書類（会社 444 条）を作成する目的で設置される機関である（会社 374 条 1 項）。会計参与は，計算書類などを作成する場合には，法務省令で定めるところにより，会計参与報告を作成しなければならない（会社 374 条 1 項）。

　計算書類などの作成にあたり，会計参与は，いつでも会計帳簿やこれに関する資料を閲覧，謄写し，取締役および支配人その他の使用人に対して，会計に関する報告を求めることができる（会社 374 条 2 項）。また，会計参与は，その職務を行うため必要があるときは，会計参与設置会社の子会社に対して，会計に関する報告を求め，また，会計参与設置会社もしくはその子会社の業務および財産の状況を調査することができる（会社 374 条 3 項）。

　会計参与は，取締役会設置会社が監査役を設置しない場合（会社 327 条 2 項但書）を除いて，株式会社が定款に定めることにより任意に設置できる（会社 326

条 2 項)。その資格は,公認会計士,監査法人または税理士,税理士法人に限られる(会社 333 条 1 項)。

(6) 委員会設置会社の機関

　委員会設置会社は,取締役会,代表取締役および監査役という,わが国の従来型の機関構成と異なり,取締役会の中に三委員会を設置し,取締役会が経営を監督するという,アメリカ型の企業統治(コーポレート・ガバナンス)機構をモデルとした会社制度である。取締役会と会計監査人を置く株式会社は,定款に定めることにより(会社 326 条 2 項),委員会設置会社になることを選択できる。

　委員会設置会社では,取締役会により選任された執行役(会社 402 条 2 項)および代表執行役(会社 420 条 1 項)が,取締役会決議により委任された業務を執行する(会社 418 条 2 号)。さらに,取締役会から委任されている場合には,業務の執行を決定する(会社 418 条 1 号)。一方,取締役会の役割は,業務執行に関する事項の決定(会社 416 条 1 項)と執行役および各委員の選任が中心である(会社 402 条 2 項・400 条 2 項)。これは,迅速な業務執行を可能にするとともに,会社経営における執行と監督を明確に分離し,さらに取締役会の監査,監督機能を大幅に強化することで,経営の透明性を高め,会社の適正かつ効率的経営を実現しようとしたためである。そのため委員会設置会社では,従来からの制度である監査役をおかず(会社 327 条 4 項),取締役の選任を議論する「指名委員会」(会社 404 条 1 項),執行役の業務執行を監査する「監査委員会」(会社 404 条 2 項),役員報酬の基準や額を決める「報酬委員会」(会社 404 条 3 項)という,取締役 3 人以上を構成員とし,かつ社外取締役を過半数(会社 400 条 3 項)とする三委員会が監査,監督機能を担っている。したがって,委員会設置会社に必要な機関は,株主総会,取締役会,取締役会の三委員会,執行役,代表執行役(複数の執行役を選任した場合)および会計監査人である。

第8章 労働と法

1 労働法の意義

　憲法は，国民に勤労の権利を保障し勤労の義務を課す（憲27条1項）。勤労の権利を保障するため就労意欲を有する者に就労機会を保障する義務が国に課されていると解され，国は労働力の需給調整を目的に雇用対策法や職業安定法等を制定している。

　憲法は，賃金，就業時間，休息等の労働条件は労働契約に任せずに，労働基準法（労基法）や最低賃金法等の法律の規定に基づくこととした（憲27条2項）。国は労働者の保護のために労基法により労働関係の基本原則と最低労働条件を法定し（強行的・直律的効力），行政官庁（労働局や労働基準監督署）が監督行政と罰則（刑事罰）により使用者の遵守を確保する。

　憲法は児童酷使を禁止した（憲27条3項）。労基法は原則満15歳を就業可能最低年齢とする。満18歳未満の労働者を年少者として特別の保護を与え，法定労働時間をより短時間に限定し時間外労働，休日労働，深夜労働を原則禁止する。

　憲法は，公共の福祉による制限（憲22条・29条等）や法律による留保（大日本帝国憲法29条等）なしに労働者に対し団結権，団体交渉権，団体行動権（これらは労働三権あるいは労働基本権と呼ばれる）を絶対的に保障した（憲28条）。団結権とは，労働者が労働組合を結成したり労働組合に加入したりする権利である。団体交渉とは，労働組合が使用者と労働条件等について交渉することをいう。団体行動とは，争議行為とその他の組合活動をいう。争議行為とは，労働組合が労働者の要求実現を目的に行う同盟罷業（ストライキ）等の集団行動をいう。

　これらの憲法規定は「健康で文化的な最低限度の生活を営む権利」（憲25条1項）を具体化し実質的に保障するためのものと解され，国は経済的弱者である労働者を保護し健康で文化的な生活を保障するため労働法を制定している。労働法とは，労働力の需給調整を目的とする法制度，個別的労働関係及び集合

的労使関係に関する法制度の総体をいう。個別的労働関係とは，労働者が使用者（雇用主）に対し労働力を提供し賃金を得る関係（労働関係）の成立・展開・終了をめぐる法制度を指す。集合的労使関係とは，労働組合の結成・組織・運営に関する法制度を指す。

　労働法は民法の特別法である。労働者と使用者の契約（労働契約・雇用契約）では，労働法上の修正原理がない限度でのみ民法の基本原則である私的自治の原則や契約自由の原則が適用される。

2　個別的労働関係法

（1）労働関係の成立

　労働関係は，労働者と使用者との対等な立場での自主的な交渉に基づいて合意された労働契約により規律される。労働契約は，労働者が使用者に使用されて労働し使用者がこれに対し賃金を支払うことについて労働者と使用者が合意することによって成立する（労働契約法〔労契法〕6条）。

　労働者の主たる義務は，労働提供義務や職務専念義務である。付随的義務として，守秘義務や競業避止義務（競合関係にある会社等で働かない義務）を負う。使用者の主たる義務は，賃金支払義務である。労働義務は使用者の指揮命令権限を予定し，労働者は使用者の指揮命令に従って誠実に労働する義務を負う。使用者は，組織秩序維持や効率的な事業運営を目的として労働者の処遇に関する広範な裁量権限（いわゆる人事権）を有する。付随的義務として，安全・職場環境配慮義務を負い（労契5条等），使用者は良好な職場環境を維持し，パワーハラスメント等を防止する義務を負う。

　労働者及び使用者は，労働契約を遵守するとともに信義誠実に権利を行使し義務を履行しなければならない（労働契約における信義則）。労働者及び使用者は，労働契約に基づく権利の行使に当たりそれを濫用することがあってはならない。労働契約においては労働者に対する指揮命令，配置転換，懲戒，解雇等について使用者に広範な裁量権が認められている。こうした使用者の裁量権の行使は権利濫用禁止法理による一定の制限に服する。

(2) 労働条件の決定

使用者は，労働契約の締結に際し労働者に対し賃金，労働時間等の労働条件を書面で明示しなければならない（労基15条，労働条件明示義務）。

労働条件は原則として労働契約により決定される。労働契約は，労働条件の決定において最も下位の規範に当たる。

〈法令，労働契約，就業規則，労働協約の効力順位〉
① 法令（憲法や労働法，政令，省令等）
② 労働協約
③ 就業規則
④ 労働契約

労基法は，常時10人以上の労働者を雇用する事業場について使用者が就業規則を制定し行政官庁に届出を行う義務を課す（労基89条）。多数の労働者が働く企業では労働条件を公平・統一的に設定し組織秩序維持し効率的な事業経営を行う必要があるため，使用者は労働条件や服務規律を就業規則として制定する。

使用者が就業規則により合理的な労働条件を定めて（合理性の要件）労働者に適法に周知していた場合（周知性の要件），就業規則で定める労働条件が労働契約に優先する。就業規則で定める基準に達しない労働条件を定める労働契約は，その部分については無効になる。就業規則で定める基準を超えた労働基準を定める労働契約が締結されていた場合，労働契約の定めが優先される。就業規則が定める労働条件は，法令や労働協約に違反してはならない。労働協約とは使用者と労働組合の書面による合意をいう（後述）。

〈就業規則の絶対的必要的記載事項と相対的必要的記載事項（労基89条）〉
絶対的必要的記載事項
① 始業及び終業の時刻，休憩時間，休日，休暇，交替制の就業時転換に関する事項
② 賃金の決定，計算及び支払の方法，賃金の締切り，支払の時期，昇給に関する事項
③ 退職に関する事項（解雇の事由を含む）

相対的必要的記載事項
制度が存在する場合就業規則に記載しなければならない事項
① 退職手当の適用される労働者の範囲，退職手当の決定，計算・支払の方法，退

職手当の支払の時期に関する事項
② 臨時の賃金，最低賃金額に関する事項
③ 労働者が負担する食費，作業用品等の負担に関する事項
④ 安全・衛生に関する事項
⑤ 職業訓練に関する事項
⑥ 災害補償，業務外の傷病扶助に関する事項
⑦ 表彰・制裁の種類・程度に関する事項
⑧ 事業場の労働者のすべてに適用されるその他の事項

　使用者が就業規則を制定・改正する際に，その事業場の労働者の過半数で組織する労働組合（過半数組合）か労働者の過半数を代表する者（過半数代表者）の意見を聴取しなければならない。ただし，過半数組合や過半数代表者の同意を得ることまで義務付けられておらず反対したとしても使用者はそれに従う必要はない。
　使用者は，就業規則を事業場の見やすい場所に常時掲示し備え付け労働者に周知しなければならない。
　使用者は，労働者と合意することなく就業規則を変更することで労働者の不利益になるように労働条件を変更できない。ただし，使用者が変更後の就業規則を労働者に適法に周知し（周知性の要件），就業規則の変更が労働者の受ける不利益の程度，労働条件の変更の必要性，変更後の就業規則の内容の相当性，労働組合等との交渉の状況等に照らして合理的なものである場合（合理性の要件），使用者は労働者と合意しなくても就業規則を変更することにより労働者の不利益になる労働条件の変更を行うことができる。

（3）採用の自由
　使用者には採用の自由が保障され，採用人数・方法・基準等を自由に決定できる。憲法が保障する職業選択の自由（憲22条）は，労働者の職業選択の自由に加えて使用者の営業の自由も含まれると解されている。こうした営業の自由は，公共の福祉の制限を受け，人種，信条，性別，門地等による差別の禁止（憲14条），労働基本権の保障（憲28条）等による制限が当然に予定される。例え

ば労働者に労働組合に加入しないことを使用者が義務付けること（黄犬契約）は禁止される。もっとも，最高裁は「企業者が特定の思想，信条を有する者をそのゆえをもって雇い入れることを拒んでも，それを当然に違法とすることはできない」（三菱樹脂事件，最判昭48・12・12）と判示し，憲法上の基本的人権の規定は私人の行為を直接には禁止せず（憲法の私人間効力）労基法の定める均等待遇原則（労基3条）は採用後における労働条件の規制であると解釈した。

（4）採用内定

日本では，使用者が学校卒業見込者を対象に募集活動を行い採用試験・面接等を行って採用内定を通知して卒業後から勤務を開始させる独特の雇用慣行（いわゆる新卒一括採用）が見られる。採用内定により始期付解約権留保付労働契約が成立すると解される。この契約は卒業後を契約の始期とする。内定者に入社以前に実施される研修への出席義務を課したり，欠席者に対し不利益を課すことは許されない。解約権が使用者に留保されるため採用内定通知書等に明記された内定取消事由の発生により当然に解約できる。学生が卒業できなかった場合も使用者は当然に解約できる。

内定取消の適法性は，解約権の行使の適法性の問題と解される。判例では，「解約権留保の趣旨，目的に照らして客観的に合理的と認められ社会通念上相当として是認することができるものに限られる」（大日本印刷採用内定取消事件，最判昭54・7・20）としている。

労働者による内定辞退については，雇用期間の定めがない場合，2週間の予告期間をおけば自由に解約できる（民627条1項）。ただし，内定者が信義則に反する態様で解約した場合，例外的に契約責任や不法行為責任を問われ，損害賠償責任を問われることになろう。

（5）人　　事

使用者は人事権に基づき労働者の処遇を行う（昇進・昇格，降格，配置転換〔配転〕，出向・転籍，休職，解雇等）。労働契約，就業規則，労働協約に使用者がこれらの命令を行う権限が規定されていれば，使用者に命令の権利が認められ労

働者がこれに従う義務を負う。

　ここでは，降格，配転，出向・転籍，休職，懲戒について説明する。

　降格は，昇進・昇格の反対概念であり職位や役職を引き下げたり職能資格制度上の資格や等級を低下させることをいう。人事権に基づく場合と懲戒処分として行われる場合がある。人事権に基づき営業成績や勤務成績の不振を理由として管理職・役職を一般社員に降格する場合は，就業規則に根拠規定がなくても使用者は人事権の行使として裁量的判断によって行いうるという判決が見られる。もっとも，労働契約で職種が限定されている場合そのような降格は認められない。権利濫用禁止法理による制約を受け，不当な動機や目的をもってなされた場合（労働者を退職に導く意図で行われた場合等），賃金が相当程度下がる等の労働者の不利益が大きい場合，降格が無効とされる。

　配転とは，同一企業内の労働者の配置の変更で職務内容や勤務場所が長期間にわたり変更されるものをいう。出向とは，労働者が雇用先の企業の在籍のままに他の企業（子会社や関連会社等）の従業員として勤務することをいう。転籍とは労働者が他の会社に移籍して当該企業の従業員として勤務することをいう。

　配転は，労働契約や就業規則で根拠づけられた使用者の配転命令権に基づくものである。労働契約により職種や勤務場所が限定されている場合，使用者は限定を無視して配転命令を行うことはできない。配転は仮に業務上の必要性があったとしても，不当な動機や目的をもってなされた場合，労働者の職業上・生活上の不利益の程度を比較考量し労働者に通常甘受すべき程度を著しく超える不利益を負わせる場合権利濫用として無効とされる。

　出向も労働契約や就業規則で根拠づけられていれば違法ではないが，配転命令と同様に権利濫用禁止法理による制約を受ける。

　転籍は従来の労働契約を終了させ新たに他の企業と労働契約を締結するものであるから，原則として労働者の同意なしに行うことができない。

　休職とは，労働者を労働に従事させることが不能あるいは不適当な場合に労働契約関係を維持しながら労働を免除・禁止することをいう。労働契約や就業規則で制度が設けられる。傷病休職，事故欠勤休職，起訴休職，自己都合休職等がある。休職の種類，期間，賃金の有無等は使用者の裁量に任され様々であ

るが，判例では休職制度の目的や機能，労働者が受ける不利益の内容・程度等に照らして就業規則の合理性を判断し不合理であれば休職命令は無効とされる。傷病休職中に傷病が完全に治癒すれば復職が認められ，治癒せずに休職期間が満了すれば自然退職または自動解雇となる。

　使用者は，組織秩序を維持するために労働者の服務規律（服装制限，職務専念義務，風紀維持，会社施設の利用制限，組織信用保護，守秘義務等）を設ける権利を有し労働者はこれに従う義務を負う。使用者は，これらに違反する労働者に対し損害賠償請求を行うことができ，違反者に対する制裁として懲戒処分を行うことができる。懲戒処分は，懲戒事由と懲戒処分の種類や程度が労働契約や就業規則で明確に規定されていなければならない。懲戒処分には，譴責・戒告，減給，出勤停止，降格，諭旨解雇，懲戒解雇等がある。懲戒処分は労働契約・就業規則上の懲戒事由に該当しなければならず（懲戒事由該当性の要件），労働者の行為の性質及び態様等に照らして客観的に合理的な理由に基づき（合理性の要件），処分内容が社会通念上相当である（相当性の要件）と認められない場合，権利濫用により無効となる。

（6）非正規労働者（非典型雇用）

　正社員，短時間労働者（パートタイム），アルバイト，契約社員，派遣社員，嘱託，日雇い労働者等の多様な就労形態が存在している。正規労働者（正社員）は使用者と期間の定めがない労働契約を締結し，解雇は労働者の重大な非行や企業存続の危機がない限り行われない。パートタイム，アルバイト，契約社員，派遣社員，嘱託等は非正規労働者と呼ばれる。パートタイムや有期労働契約は使用者が直接雇用する形態である。派遣労働は，別の使用者に雇用されながらも他の使用者の事業場に派遣され就労する（間接雇用とよばれる）。それぞれ有期労働契約，パートタイム，派遣労働等に区別され特別の法規制が設けられている。

　非正規労働者も労働者である限り労働法の保護を受ける。しかし，非正規労働者の賃金等の労働条件が正規労働者に比べて著しく低い処遇しか受けていないことが深刻な社会問題となっており，正規労働者との均等待遇が法令改正や判例を通じて徐々に保障されてきている。

(a) **短時間労働者（パートタイム）**

同一事業所における同種の業務に従事するより通常の労働者（常用労働者）よりも短時間の所定労働時間で勤務する労働者を短時間労働者（パートタイム）と呼ぶ。「短時間労働者の雇用管理の改善等に関する法律（パートタイム労働法）」によれば、パートタイムの待遇が同一事業所に雇用される常用労働者と相違する場合には、業務の内容及び責任の程度、職務の内容等の事情を考慮し不合理と認められるものであってはならない（パートタイム労働法8条）。職務の内容が同一事業所に雇用される常用労働者と同一であるパートタイムに対し賃金、教育訓練、福利厚生施設の利用等の待遇について差別的取扱いをしてはならない（パートタイム労働法9条）。常用労働者との均衡を考慮し、パートタイムの職務の内容、職務の成果、意欲、能力、経験等を勘案してパートタイムの賃金を決定する努力義務が課されている（パートタイム労働法10条）。常用労働者に対して実施する教育訓練で職務遂行に必要な能力を付与するためのものは、パートタイムに対しても実施する義務が課された（パートタイム労働法11条）。常用労働者のための福利厚生施設は、パートタイムに対しても利用機会を与える配慮義務が課された（パートタイム労働法12条）。

(b) **有期労働契約**

期間の定めのある労働契約を有期労働契約という。有期労働契約の期間途中の一方的解約はやむを得ない事由がある場合のみ許され、その事由発生について過失がある当事者は損害賠償責任を負う（民628条）。使用者は、やむを得ない事由がある場合を除き契約期間満了まで有期雇用労働者を解雇できない（労契17条1項）。労働者に転職の不必要な制限とならないために、労働契約の期間の上限が定められている（労基14条）。

労働契約の期間の上限は原則3年である。例外も認められており、例えば、① 一定の高度な専門的な知識、技術または経験を有する労働者との間に締結される労働契約、② 満60歳以上の労働者との間に締結される労働契約の期間の上限は5年までである。

法定上限期間を超えた労働契約は上限を超える部分は無効とされる。労働契約の期間満了後もそのまま就労が継続され使用者もこれに異議を唱えない場

合，従前の雇用と同一の条件で契約が更新されたものと推定される（民629条1項）。通説では，このような更新後の契約は期限の定めのない契約になると解されている。

　有期労働契約の期間満了に当たり，使用者が契約を更新せずに雇用を満了させることを雇止めという。① 有期労働契約が過去に反復して更新され，雇止めが期間の定めのない労働者に対する解雇と社会通念上同視できる場合（労契19条1号），② 有期労働契約の契約期間満了時に有期労働契約が更新されるものと期待することについて合理的な理由がある場合（労契19条2号），有期雇用労働者が契約期間満了日までまたは契約期間満了後遅滞なく申込みをすれば，使用者の雇止めに客観的に合理的な理由があり（合理性の要件）社会通念上相当である（相当性の要件）と認められなければ，従前の有期労働契約と同一の内容の契約が成立するとみなされる。この規定は，雇止めに解雇権濫用禁止法理が類推適用されてきた判例が条文化されたものである。判例では雇用の臨時性・常用性，更新の回数，雇用の通算期間，契約期間管理状況，雇用継続の期待を持たせる使用者の言動・制度の有無等を考慮しこれらの要件が該当するか検討される。

　同一の使用者との間で締結された有期労働契約の契約期間の通算期間が5年を超える有期雇用労働者が，使用者に対し契約期間満了日までに期間の定めのない労働契約に転換するよう申込みをしたときは，期間の定めのない労働契約が成立するとみなされる（労契18条）。有期雇用労働者に対し期限の定めのない労働契約への転換申込権（無期限転換申込権）を保障するものである。

　無期限転換申込権が行使された場合，期間の定めのない労働契約の内容は契約期間を除いて現に締結している有期労働契約の内容と原則として同一となる（労契18条1項）。

　無期限転換申込権は，有期労働契約の契約期間の通算期間が5年を超える場合に付与される。ある有期労働契約と次の有期労働契約の契約期間の間に労働契約が存在しない空白期間（クーリング期間）が6か月以上ある場合，空白期間前に満了した有期労働契約の契約期間は通算契約期間に算入されない（労契18条2項）。

同一の使用者との有期労働契約の労働条件と期間の定めのない労働契約の労働条件とが相違する場合，業務内容及び責任の程度，職務内容及び配置変更の範囲等を考慮し不合理と認められるものであってはならない（労契 20 条）。判例では，一部の手当（年末年始勤務手当・住居手当）や休暇（夏季・冬期休暇，病気休暇）について有期労働契約と無期労働契約で格差を設けることは違法とされた（ハマキョウレックス事件，最判平 30・6・1 等）。

(c) 派遣労働

労働者派遣とは，自己の雇用する労働者を他の事業主（派遣先）の指揮命令を受けて他の事業主のために労働させることをいう（「労働者派遣事業の適正な運営の確保及び派遣労働者の保護等に関する法律〔労働者派遣法〕」2 条 1 号）。労働者派遣が認められる対象業務は，港湾運送，建設業務，警備業務以外のすべての業務である（労派遣 4 条）。労働者派遣事業者（派遣元）は厚生労働大臣の許可を得なければならない（労派遣 5 条）。

労働者派遣の派遣可能期間は，無期雇用派遣労働者を除き，① 派遣労働者個人単位の期間制限と ② 事業所単位の期間制限に服する。①の期間制限により，同一の組織単位（同一の部局等）において 3 年を超えて同一の派遣労働者の受け入れができない。その趣旨は，同一の有期契約に固定されないようにして各労働者のキャリアップを図るための規制である。②の期間制限により，派遣先の同一の事業所において 3 年を超えて労働者派遣の受け入れができない。その趣旨は，派遣先の常用労働者が有期契約の派遣労働者によって代替されないための規制である。ただし，事業所単位の派遣期間制限は，派遣先の過半数労働組合か過半数代表者から適正に意見聴取を行えばさらに 3 年を上限に派遣期間を延長できる。

図表 8-1 労働契約（派遣労働契約）

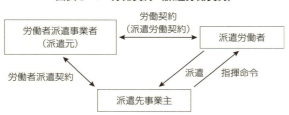

①個人単位・事業所単位の期間制限を超えて派遣労働者を受け入れた場合，②労働者派遣が禁止されている業務について派遣労働者を受け入れた場合，③無許可の労働者派遣事業者から派遣労働者を受け入れていた場合，④偽装請負に該当する違法な労働者派遣を受け入れた場合であって派遣先が偽装請負であることを知らなかったことについて無過失でない場合，派遣先と派遣労働者の間で派遣労働契約と同一の労働条件での労働契約（直接雇用契約）が成立したものとみなされる（労派遣40条の6）。

労働者派遣法は，労働者派遣事業者と派遣先事業主が講ずべき種々の措置を定める（労派遣30条〜43条）。労働者派遣事業者は，一定の有期契約の派遣労働者に対し雇用安定措置を講じる努力義務を負う（労派遣30条）。派遣先事業主は，派遣労働者からの苦情を適切かつ迅速に処理する義務を負う（労派遣40条1項）。

労働者派遣事業者は，派遣労働者と派遣先の常用労働者の賃金水準の均衡を考慮し，派遣労働者の職務内容・成果，意欲，能力，経験等を勘案し，当該派遣労働者の賃金を決定するよう配慮しなければならない（労派遣30条の3第1項）。労働者派遣事業者は，派遣労働者の派遣先の常用労働者の均衡を考慮し，教育訓練，福利厚生の実施等，派遣労働者の円滑な派遣就業の確保のために必要な措置を講ずるよう配慮しなければならない（労派遣30条の3第2項）。

たとえ労働者派遣事業者と派遣先事業主の間の労働者派遣契約が終了しても，労働者派遣事業者と派遣労働者の労働契約は自動的に終了するわけではない。派遣労働者の労働契約を終了させるためには，労働者派遣事業者による適法な解雇や雇止めが行われる必要があり，無期雇用派遣労働者には解雇権濫用禁止法理が適用される。有期雇用派遣労働者の派遣期間満了前の解雇はやむを得ない事由がない限り認められない。派遣期間満了後の雇止めの適法性は有期労働契約の雇止め法理に照らして判断される。

(7) 賃　　金

賃金とは，賃金，給料，手当，賞与その他名称の如何を問わず労働の対償として使用者が労働者に支払うすべてのものをいう（労基11条）。

労働の代償とは，使用されて労働したことに対する対価を意味する（労契6条）。ある給付が賃金に該当するか否かは給付の性質・内容に照らして個別的に判断され，任意的恩恵の給付，福利厚生給付，企業設備・業務費は賃金に当たらない。退職金や賞与（一時金）はいかなる基準により支給するかもっぱら使用者の裁量に委ねられている限り，任意的恩恵の給付であって賃金ではない。ただし，労働協約や就業規則等に支給条件が明確に定められ使用者に支払義務があるものは賃金として取り扱われる。福利厚生給付とは，労働者の福利厚生のために支給する利益や費用をいう。企業設備・業務費とは，業務遂行のために使用者が負担する作業服，作業用品代，出張旅費，社用交際費，機器損料等である。通勤手当またはその現物給付である通期定期券は，労働契約や就業規則等において通勤費用を使用者が負担すべきものと規定され支給基準が定められている限り賃金として取り扱われる。

　労働者が使用者に対し賃金の支払を請求する権利を賃金請求権という。労働者が労働契約で定められた労働を行った後に賃金請求権が生ずる（民624条1項）。期間によって定めた報酬は，期間経過後に請求できる（民624条2項）。しかし，これらの規定は任意規定であるため労働契約や就業規則等によって別段の定めを置けばそれが優先する。

　労基法は，賃金支払に関する4つの原則を定めている。第1に，通貨払いの原則である。使用者は，強制通用力がある通貨により賃金を支払わなければならない。第2に，直接払の原則である。使用者は，賃金を労働者に直接に支払わなければならない。第3に，全額払の原則である。使用者は，賃金の全額を支払わなければならない。第4に，賃金は毎月1回以上一定の期日を定め支払わなければならない。

　使用者の責めに帰すべき事由による休業の場合，使用者は休業期間中も労働者に対し平均賃金（労基12条）の6割以上の手当（休業手当）を支払わなければならない（労基26条）。

　最低賃金法により，使用者は最低賃金の適用を受ける労働者に対し最低賃金以上の賃金を支払わなければならない（最賃4条1項）。最低賃金を下回る賃金額での労働契約は，その限りで無効とされ最低賃金と同様の定めをしたものと

みなされる（最賃4条2項）。

　賃金支払確保法により，使用者が支払能力を失った場合の賃金支払確保の特別の制度が設けられている。民法は賃金支払確保のために労働者に一般先取特権を認める。会社が破産宣告を受けた場合，会社更生手続が開始された場合，民事再生手続が開始された場合も，労働者の賃金債権は特別の保護を受ける。

（8）労働時間，休憩，休日

　労働時間とは，休憩時間を除き現実に労働させている時間（実労働時間）をいう（労基32条）。業務の準備行為等であっても，事業場内で行われることを使用者から義務付けられたり余儀なくされたりすれば労働時間に該当する。

　労基法が定める最長労働時間（法定労働時間）は，1週間について40時間，1日8時間である。使用者は，1日の労働時間が6時間を超える場合45分以上，8時間を超える場合1時間以上の休憩時間を労働者に一斉に付与しなければならない（一斉付与の原則）。休憩時間とは，労働から完全に解放される時間である（休憩時間自由利用の原則）。使用者は，原則として毎週少なくとも1回の休日（週休制の原則）または4週間を通じ4日以上の休日（変形週休制）を付与しなければならない（労基35条）。休日とは，労働者が労働義務を負わない日である。法定休日とは労基法が使用者に付与義務を課す休日である。使用者が労働契約や就業規則に基づき法定休日以外に付与する休日は所定休日と呼ばれる。

　午後10時から午前5時までの時間帯の労働は深夜労働と呼ばれる。

　使用者は，労働契約や就業規則に法定労働時間を超えた時間外労働，休日労働の命令権限が定められていれば労働者に対し時間外労働，休日労働を命じることができる。ただし，業務上の必要性がないのに命じたり，仮に業務上の必要性があっても労働者に生じる不利益等を比較考量してその必要性が乏しい場合には，命令は権利濫用に当たり無効である。

　使用者は，労働契約や就業規則に根拠があれば，一定の要件の下で突発的な受注への対処等を理由に労働者に対し休日を労働日に変更し別の労働日を休日に変更することができる（休日振替）。

　使用者は，労働契約や就業規則で始業及び終業の時間（始業から終業までを所

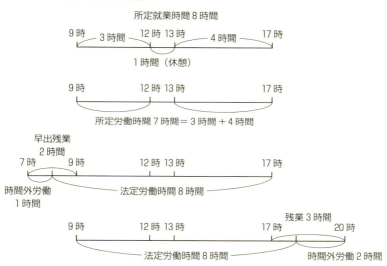

図表8-2 就業規則で9時始業，17時終業，1時間休憩の定めがある場合の残業と時間外労働

定就業時間という），休憩時間，休日に関する事項を定めなければならない。所定就業時間から休憩時間を差し引いた時間を所定労働時間という。

時間外労働とは，1日または1週の法定労働時間を超える労働である。労基法上にいう時間外労働とは法定労働時間外の労働と法定休日の労働を指し，使用者が労働者をこのような労働に従事させた場合には割増賃金を支払わなければならない。深夜労働に従事させた場合も割増賃金を支払わなければならない。

ただし，1か月の時間外労働等が60時間を超えた場合，使用者は超過時間については割増率を50％以上としなければならない（労基37条1項但書）。ただし，超過時間分については割増賃金に代えて有給休暇（代替休暇）を付与できる。

使用者が過半数組合や過半数代表者と時間外休日労働協定（いわゆる36協定）を締結し行政官庁に届出を行った場合，労働者に協定の上限時間内で時間外労働や休日労働をさせることができる。36協定では，時間外労働または休日労

図表 8-3　割増賃金率

時間外労働	25％以上
休 日 労 働	35％以上
深 夜 労 働	25％以上

図表 8-4　36協定による時間外労働の上限時間

36協定の対象期間	上限時間
1週間	15時間
2週間	27時間
4週間	43時間
1か月	45時間
2か月	81時間
3か月	120時間
1年間	360時間

働をさせる必要のある具体的事由，業務の種類，労働者数，延長可能な上限時間，労働させることができる休日を定める。

臨時的かつ特別な事情がある場合に限り，36協定による時間外労働の上限時間はさらに年720時間，1か月100時間まで延長できる。

労基法は，農業，畜産，水産業の事業に従事する者や監督・管理の地位にある者等について労働時間，休憩，休日の規定の適用を除外している（労基41条）。これらの労働者は時間外労働等は生じない。ここにいう監督・管理の地位にある者とは管理職一般を指すのではなく，①事業主の経営に関する決定に参画して労務管理に関する指揮命令権限を持つ者，②自己の出退勤等の労働時間について自ら決定する自由を有する者，③地位と権限にふさわしい待遇（賃金等）を受けている者に限定される。

証券アナリスト，研究開発職，コンサルタント等の一定の特定高度専門業務に従事し年収1075万円以上の労働者は，労働者本人の同意と労使委員会の議決があれば，一定の健康確保措置等を講じることを条件に，労働時間，休憩，休日の規定の適用を除外できる（特定高度専門業務・成果型労働制〔高度プロフェッショナル制度〕）。

（9）柔軟な労働時間制度

労働時間の規制を弾力化した制度も認められている。

(a)　変形労働時間制

使用者は，事業場毎に労使協定を締結し行政官庁に届出を行えば，変形労働時間制を導入することができる。変形時間労働制では，一定の期間（1週間，1か月以内，1か月を超え1年以内）を単位として，期間中の週平均労働時間が40時間を超えない範囲で，1週あるいは1日の法定労働時間を超える所定労働時間

を設定することが許容される。

変形労働時間制は，労働者に対し変則的な働き方を強いることになるため，年少者や妊産婦が請求した場合には変形労働時間制を適用できない。育児介護に従事する者についても配慮しなければならない。

図表8-5　1か月単位の変形労働時間制の例

＊第1週に10時間の時間外労働が存在するが，1か月単位の変形労働時間制を導入すれば時間外労働は生じない。

(b)　**フレックスタイム制**

フレックスタイム制では，3か月以内の一定の期間（精算期間）に勤務する総労働時間数を予め決めておき，その範囲内で1日の労働時間の始業時間及び就業時間を労働者が主体的な判断で決定できる。就業規則等においてフレックスタイム制度の導入を規定し，労使協定において1日の標準的労働時間，全労働者が労働しなければならない時間帯（コアタイム），労働者が選択により労働できる時間帯（フレキシブルタイム）等を規定する。

(c)　**事業場外労働のみなし労働時間制**

労働者が事業場外で従事した労働時間を算定しがたい場合，現実の労働時間数にかかわらず所定労働時間だけ労働したとみなすことができる。ただし，特定の業務の遂行に通常所定労働時間を超えて労働することが必要となる場合には，そのような時間労働したとみなされる。

(d)　**裁量労働制におけるみなし労働時間制**

使用者は，現実の労働時間数にかかわらず所定労働時間だけ労働したとみなす裁量労働制を導入することができる。専門業務型裁量労働制と企画業務型裁量労働制がある。裁量労働制においても，時間外労働や休日・深夜労働が生じた場合には使用者はそれに対する割増賃金を支払わなければならない。

専門業務型裁量労働制の対象義務は，厚生労働省令で定める19の業務に限定される。

使用者は，事業場毎に労使協定を締結し行政官庁に届出を行うことにより専門業務型裁量労働制を導入できる。

〈専門業務型裁量労働制の対象業務〉
① 新商品や新技術の研究開発，人文科学・自然科学に関する研究の業務
② 情報処理システムの分析または設計の業務
③ 新聞・出版の事業における記事の取材・編集の業務，放送番組・有線ラジオ放送・有線テレビジョン放送の放送番組の制作のための取材・編集の業務
④ 衣服，室内装飾，工業製品，広告等の新たなデザインの考案の業務
⑤ 放送番組，映画等の制作の事業におけるプロデューサーまたはディレクターの業務
⑥ コピーライターの業務
⑦ 情報処理システムコンサルタントの業務
⑧ インテリアコーディネーターの業務
⑨ ゲーム用ソフトウェアの創作の業務
⑩ 証券アナリストの業務
⑪ 金融工学等の知識を用いて行う金融商品の開発の業務
⑫ 大学における教授研究の業務
⑬ 公認会計士の業務
⑭ 弁護士の業務
⑮ 建築士の業務
⑯ 不動産鑑定士の業務
⑰ 弁理士の業務
⑱ 税理士の業務
⑲ 中小企業診断士の業務

　企画業務型裁量労働制の対象業務は具体的に法定されておらず，「事業の運営に関する事項についての企画，立案，調査及び分析の業務であつて，当該業務の性質上これを適切に遂行するにはその遂行の方法を大幅に労働者の裁量にゆだねる必要があるため，当該業務の遂行の手段及び時間配分の決定等に関し使用者が具体的な指示をしないこととする業務」(労基38条の4第1項1号) に「対象業務を適切に遂行するための知識，経験等を有する労働者」が従事する場合に，使用者は事業場の労使委員会で議決を行い行政官庁に届出を行うことにより導入できる。

図表 8-6 年休付与日数

勤務期間	6か月	1年6か月	2年6か月	3年6か月	4年6か月	5年6か月	6年6か月
付与日数	10日	11日	12日	14日	16日	18日	20日

(10) 休暇・休業

(a) **年次有給休暇**

　労働者は6か月間以上継続して労働しかつ全労働日の8割以上労働した場合, 年最大20日の年次有給休暇（年休・有休）を取得する権利が生じる。

　パートタイムについても, 勤務期間や1週間の所定労働日数に応じて年休が年最大15日間付与される。

　年休は, 法令上の要件が充足されることにより法律上当然に労働者に生じる権利であり, 労働者が具体的な始期及び終期を特定して年休を指定した場合（時季指定権の行使）, 当該労働日における労働義務は消滅しその期間の賃金請求権が発生する。

　時季指定権が行使された時季に有給休暇を与えることが事業の正常な運営を妨げる場合のみ使用者は他の時季に変更することができる（時季変更権の行使）。

　年休の取得を促進するために, 事業場の労使協定で時季の定めをすればその定めにしたがって年休を付与できる（計画年休）。計画年休には, 事業場単位の一斉休暇や労働者個人別の交代制休暇等がある。使用者は, 10日以上の年休が付与される労働者に対しそのうち5日について毎年時季を指定して付与しなければならない。

　年休をどのように利用するかは使用者の干渉を許さない労働者の自由である（年休自由利用の原則）。

　当該年度に消化されなった年休は翌年度に繰り越され, 2年の消滅時効に服する。未消化の年休を使用者が買い上げて日数に応じて手当を支給することは違法ではない。

(b) **育児休業等の育児支援措置**

　育児介護休業法が定める育児支援措置には, ① 育児休業制度, ② 所定外労働の免除, ③ 所定労働時間の短縮, ④ 時間外労働・深夜労働の制限, ⑤ 子ど

もの看護休暇等がある。労働者は，養育する子どもが１歳に達するまでの間使用者に対し申し出れば育児休業をすることができる。ただし，特別な事情を除き，１人の子どもについて１回だけに限られる。母親の産前産後休暇中に父親が育児休業を取得した場合には一定の要件の下で父親は子どもが１歳２か月になるまでの間再度育児休業を取得できる（パパ・ママ育休プラス）。使用者は，労働者からの育児休業の申出を拒むことができない。使用者が労働者に転勤を命ずる場合，育児の状況に配慮することが義務付けられている。育児休業の期間は原則として子どもが１歳に達する日までであるが，２歳に達するまでの間は保育所での保育を申し込んでいるにもかかわらず入所できない場合等の一定の要件の下で育児休業をすることができる。育児休業中の賃金は，育児介護休業法上特別の規定はなく労働契約や就業規則の規定による。雇用保険制度から育児休業給付金が支給される。

(c) **介護休業等の介護支援措置**

育児介護休業法が定める介護支援措置には，①介護休業，②所定外労働の免除，③時間外労働・深夜労働の制限，④介護休暇等がある。労働者は，使用者に対し申し出れば要介護状態にある対象家族１人について通算して93日を上限として３回まで分割して介護休業をすることができる。使用者は，労働者からの介護休業の申出を拒むことができない。使用者が労働者に転勤を命ずる場合，介護の状況に配慮することが義務付けられている。介護休業中の賃金も，育児介護休業法上特別の規定はなく労働契約や就業規則の規定による。雇用保険制度から介護休業給付金が支給される。労働者は，要介護状態にある対象家族を介護するために年５日（要介護状態にある対象家族が２人以上の場合年10日）の介護休暇を取得することができる。

(d) **産前産後休業**

使用者は，出産予定の女性が休業の申出を行った場合産前６週間（多胎妊娠の場合14週間）及び産後８週間就業させてはならない（産前産後休業）。ただし，産後６週間を経過した後女性が申し出れば医師が支障がないと認めた業務に限り就業させることができる。休業中の賃金は労基法上特別の規定はなく労働契約や就業規則の規定による。健康保険制度から一定期間の出産手当金が支給さ

れる。

(e) **休暇・休業取得を理由とする不利益取扱いの禁止**

年休の取得者に対する賃金の減額等の不利益な取り扱いは禁止されている（労基法附則136条）が，判例は努力規定にとどまると解している（沼津交通事件．最判平5・6・25）。育児介護休業法は，育児介護休業取得者に対する解雇等の不利益な取り扱いを禁止する。男女雇用機会均等法は，産前産後休業取得者に対する不利益な取り扱いを禁止する。使用者が育児介護休業日を欠勤日として扱い賞与の不支給・減額，皆勤手当の不支給，ベースアップの見送り等の間接的な不利益を与えることは，労働者による休業の権利の行使を抑制し権利を保障した法令の趣旨を実質的に失わしめるものである場合公序良俗に違反し無効となる（稲門会事件．最決平27・12・16等）。

(11) 差別禁止・均等待遇の原則

使用者は，労働者の国籍，信条または社会的身分を理由として賃金，労働時間等の労働条件について差別的な取り扱いをしてはならない（均等待遇の原則，労基3条）。

使用者は，労働者が女性であることを理由として賃金について差別的取扱いをしてはならない（男女同一賃金の原則，労基4条）。賃金以外の性差別は男女雇用機会均等法（雇用の分野における男女の均等な機会及び待遇の確保等に関する法律）により規制される。労働者の募集・採用についてその性別にかかわりなく均等な機会を与えなければならない（男女雇用機会均等法5条）。労働者の配置，昇進，降格及び教育訓練，福利厚生等について労働者の性別を理由として，差別的取扱いをしてはならない（男女雇用機会均等法6条）。性別以外の事由を要件とするものの実質的に性別を理由とする差別となるおそれがある措置（間接差別）は，使用者がこれらの措置が事業の運営上特に必要であること等の合理的理由が立証できない場合禁止される（男女雇用機会均等法7条）。例えば，労働者の募集・採用にあたって，労働者の慎重，体重，体力を要件とすること等がこれに当たる。女性労働者が妊娠や出産したこと，産前産後休業を取得したこと，その他の母性保護措置を取得したことを理由として，解雇等の不利益な取扱いをして

はならない（マタニティ・ハラスメントの禁止，男女雇用機会均等法9条3項）。

使用者は，労働者の募集及び採用についてその年齢にかかわりなく均等な機会を与えなければならない（雇用対策法10条）。使用者は，労働者の募集及び採用について障害者に対して障害者でない者と均等な機会を与えなければならない（障害者雇用促進法34条）。使用者は賃金の決定，教育訓練の実施，福利厚生施設の利用等の待遇について，労働者が障害者であることを理由として不当な差別的取扱いをしてはならない（障害者雇用促進法35条）。

(12) 安全衛生・労働災害

業務に起因する労働者の負傷，疾病，死亡を労働災害という（労働安全衛生法2条1号）。労働災害を防止することにより職場における労働者の安全と健康を確保し，快適な職場環境の形成を促進することを目的として労働安全衛生法等が設けられている。労働災害（労働者の通勤による負傷等〔通勤災害〕を含む）に対して迅速かつ公正な保護をするため必要な保険給付を行い，労働者の社会復帰の促進や労働者及びその遺族の援護を目的に，労働者災害補償保険法等が設けられている。

労働安全衛生法は労基法の附属法であり，事業者が遵守すべき安全衛生の最低基準を法定しその責任体制を明確化するともに事業者に対し労働者の健康の保持増進のための措置，快適な職場環境の形成のための措置を講ずる義務を課す。ここにいう事業者とは，事業を行う者で労働者を使用するものを指す。労働者の健康の保持増進のために，定期健康診断を行う義務，過労死の危険が高まるとされる月80時間を超える時間外労働を行う労働者に対する産業医による助言指導等を行う義務，労働者の精神的健康の保持増進を図るための対策（ストレスチェック制度）を講ずる義務等を事業者に課す。

労働者災害補償保険（労災保険）は，国を保険者とし労働者を使用するすべての事業（国の直営事業及び官公署の事業を除く）を対象とする。保険料は事業者が負担する。業務上の負傷・疾病・傷害・死亡を業務災害として保険給付を行う。業務上の疾病には，過労死（過重負荷による脳・心臓疾患）や過労自殺（心理的負担による精神障害）も含まれる。

(13) 労働契約の終了

労働契約の終了原因には，当事者の合意による解約（合意解約），労働者による労働契約の一方的な解約（辞職），使用者による労働契約の一方的な解約（解雇），定年制，有期労働契約の契約期間満了，当事者の消滅（労働者の死亡，会社の清算等）がある。そのうち，定年制と解雇について説明する。

定年制とは，労働者が一定の年齢に達したときに労働契約が終了する制度をいう。高年齢者雇用安定法により，定年は60歳を下回ることができない（高齢者雇用安定法8条）。60歳を下回る定年制は無効であり，定年の定めがない状態となるのが判例及び有力説である。定年の定めをしている使用者は，高年齢者の65歳までの安定した雇用を確保するため，① 定年の引き上げ，② 継続雇用制度（高年齢者が希望するときは，定年後も引き続いて雇用する制度）の導入，③ 定年の廃止のいずれかの措置（高年齢者雇用確保措置）を講じなければならない（高齢者雇用安定法9条）。高年齢者は希望すれば全員継続雇用の対象となるが，使用者が賃金等の労働条件を変更したり雇用形態を変更（有期雇用や短時間勤務等への変更）したり関連会社による継続雇用に変更することは妨げられない。

解雇に対しては，労働者の保護の観点から様々な規制が行われている。一定の特別な事由による解雇が禁止されている。例えば，国籍・信条・社会的民分による差別的解雇の禁止（労基3条），労働組合の正当な団体行動をしたことを理由とする解雇の禁止（労組7条1号・4号）等がある。これら特別な事由により禁止される解雇以外の解雇に対しても様々な規制が行われている。

使用者は，就業規則に解雇事由を記載しなければならない（労基89条3号）。使用者が労働者を解雇しようとする場合，原則として少なくとも30日前に解雇予告を行わなければならない（労基20条）。

解雇は，客観的に合理的な理由を欠き（合理性の要件）社会通念上相当である（相当性の要件）と認められない場合は権利濫用として無効である（解雇権濫用禁止の法理，労契16条）。合理的理由としては，① 労働者の労務提供の不能，労働能力や適格性の欠如，② 労働者の規律違反行為，③ 経営上の必要性（経営不振による人員整理〔整理解雇〕等）等がある。判例は，客観的に合理的な労働者側の解雇事由（上記①又は②）であっても終身雇用の労働者に対する解雇の

場合には社会通念上相当か否か慎重に判断している。整理解雇の場合でも，判例は，① 人員削減の可能性，② 解雇回避に向けた使用者の努力の程度，③ 解雇者の人選の合理性，④ 手続の相当性（使用者が労働組合や労働者に人員整理の必要性や内容を十分に説明し十分な協議を経て納得を得るよう努力したか否か）の４つの要件を慎重に判断している。

3　集合的労使関係法

（1）労働組合

労働組合とは，労働者が主体となって自主的に労働条件の維持改善や経済的地位の向上を図ることを主たる目的として組織する団体またはその連合団体をいう（労組2条）。

（2）ユニオン・ショップ協定

ユニオン・ショップ協定とは，使用者と労働組合の協定に基づき特定の労働組合に加入することを義務付けて当該労働組合に加入しない労働者や脱退・除名された労働者を使用者が解雇する義務を負うことを定めたものをいう。

ユニオン・ショップ協定を締結している労働組合に加入せず，他の労働組合に加入していない労働者については，当然にその効力が及ぶ。判例では，ユニオン・ショップ協定を締結している労働組合から脱退・除名した労働者が他の労働組合に加入したり新たな労働組合を結成した場合には，労働者の組合選択の自由や他の労働組合の団結権を侵害することは許されないことから，これらの者にはユニオン・ショップ協定の効力は及ばないとされた（三井倉庫港湾事件，最判平元・12・14）。

労働組合が組合員に対して行った除名処分に合理的な理由がなく手続違反があり無効と判断される場合，ユニオン・ショップ協定に基づく解雇は無効であるとするのが判例の立場である（日本食塩製造事件，最判昭50・4・25）。

(3) 労働組合の内部統制

　労働組合は公序良俗に反しない限り組合員に対する統制処分（制裁）を行うことができ，除名，権利停止，譴責，戒告等の手続を組合規約に設けている。労働組合が公職選挙において特定の政党や候補を支持することはできるが，組合の政治的決定に違反して行動する組合員に対しこうした統制処分を行うことは組合員の政治的自由の保障との関係で許されない。組合や執行部批判の批判についても，組合が民主的に運営されるべきであるから（組合民主主義の原則）事実を歪曲したり中傷や悪意に満ちた攻撃でない限りこうした批判を理由とした統制処分を行うことは許されない。

(4) 団体交渉，労働協約

　使用者は労働組合からの団体交渉要求を拒否してはならない（応諾義務）。常に合意の可能性を探り，労働組合に具体的資料を提示する等して誠実に交渉を行わなければならない（誠実交渉義務）。使用者が団体交渉に応じることを義務付けられた事項（義務的団体交渉事項）とそれ以外の事項（任意的団体交渉事項）がある。義務的団体交渉事項とは，① 組合員である労働者の労働条件等の待遇，② 使用者と組合の労使関係の運営に関する事項であって使用者が決定できるものをいう。

　労働協約とは，労働組合と使用者との間の労働条件等に関する協定であって書面に作成し両当事者が署名または記名押印したものをいう（労組14条）。労働協約に定める労働条件等の労働者の待遇に関する基準に違反する労働契約は無効となり，労働協約に定める労働基準が適用される（労働協約の規範的効力，労組16条）。

　労働協約が労働者に不利な内容である場合であっても組合内部の民主的な手続を経て労働協約の締結に至っている場合には有効とされる。

　労働協約のうち使用者と組合の労使関係の運営に関する事項に関するもの（組合に対する使用者の便宜供与等）は規範的効力はないが，当事者はそれぞれそれを遵守・履行する義務を負う（労働協約の債権的効力）。労働組合が争議行動を行わない義務を負うことを平和義務という。労働協約の有効期間中に協約事

項の改廃を目的とする争議行動を行わないものを相対的平和義務，協約事項にかかわらず一切の争議行動を行わないものを絶対的平和義務という。これらの平和義務も債権的効力を有する。

一定の要件の下で労働協約の効力が拡張され，組合員ではない事業場の同種の労働者に適用される場合（事業場単位の一般的拘束力，労組17条），ある地域において従業する同種の労働者及び使用者に適用される場合（地域単位の一般的拘束力，労組18条）がある。

（5）団体行動

団体行動には争議行為と組合活動の両方が含まれ，正当な団体行動は刑事及び民事上の免責が認められ使用者がそれに対する不利益取扱いを行うことが禁止される。争議行為の態様には，労務提供の完全な停止（同盟罷業・ストライキ）や不完全な提供である怠業がある。労働組合の一部組合員が組合機関の正式な承認を得ずに行う争議行動（山猫スト）や，労働条件以外の目的の争議行動（政治スト等）は認められない。

争議行動以外の組合活動（情報宣伝活動や集会等の圧力活動）は，労働義務や職務専念義務，使用者の施設管理権との関係が問題となる。職務専念義務と両立し，使用者の業務を阻害しない組合活動は認められると解される。もっとも，判例は，職務専念義務を「就業時間中は職務遂行のために肉体的精神的活動力のすべてを職務に集中させ，職務以外のことに一切注意を向けてはならない義務」と広く解釈し，労働者が組合活動として就業時間中にリボン等を着用することは許されないとした。ビラ貼りや集会等の組合活動で企業施設の利用は不可欠であり，その限度で使用者は利用を受忍する義務があると解される。もっとも，判例は，使用者が労働組合に施設利用を許さないことが権利濫用に当たる特段の事情がある場合を除いては，使用者の許諾を得ないで企業施設を利用して組合活動を行うことは使用者の施設管理権の侵害に当たり認められないとしている（電電公社目黒電報電話局事件，最判昭52・12・13）。

争議行動に参加して労務を提供していない労働者は，その間賃金請求権を有さない（ノーワーク・ノーペイの原則）。

(6) 不当労働行為の禁止と救済

労働組合法は，① 組合員であることを理由とする解雇等の不利益取扱い（黄犬契約を含む），② 正当な理由のない団体交渉の拒否，実質的に誠実な交渉を行わないこと（不誠実団交），③ 労働組合の運営等に対する支配介入や経費援助，④ 労働委員会への救済申立等を理由とする不利益取扱いを不当労働行為として禁止し（労組7条），労働者及び労働組合が労働委員会に対しこれら不当労働行為の救済申立を行うことができる特別の救済手続を設けている。

4　個別的労使紛争の解決手続

労働者は，使用者との間で生じた労働契約関係をめぐる個別的労働紛争を労働組合を通じて解決することができる。

労働者自らが紛争を解決する様々な手続が保障されている。使用者に事業場内に苦情処理機関を設けることが義務付けられている場合がある（パートタイム労働法22条等）。

労働者は法令違反の事実を行政官庁に申告することができる（労基104条）。

行政機関による紛争解決制度として，都道府県労働局及び労働基準監督署による総合労働相談（個別労働関係紛争解決促進法3条），都道府県労働局長による助言・指導（個別労働関係紛争解決促進法4条），学識経験者から構成される紛争調整委員会によるあっせん（個別労働関係紛争解決促進法5条）がある。

労働委員会は，労働争議の調整（あっせん，調停，仲裁）を行う権限を有する。

労働審判制度は，裁判官及び労働関係に関する専門的な知識経験を有する者で組織する労働審判委員会が当事者の申立により事件を審理し迅速な紛争解決を図る制度である。労働審判では，調停を試み調停で解決に至らない場合は労働審判を行う（労審1条）。

個別的労働紛争を民事訴訟手続に委ねることもできる。民事訴訟のうち60万円以下の金銭の支払を求める訴えは原則として1回で審理が完了する少額訴訟手続がある。

第9章 税金と法

1 租税の意義と機能

(1) 租税の意義
　租税とは，国または地方公共団体が，収入を得ることを目的として，法令に基づく一方的義務として課す無償の金銭的給付である。

(2) 租税の機能
(a) 公共サービスの財源調達機能
　われわれ社会の構成員は，日々様々な公共サービスの便益を享受している。公共サービスはわれわれが暮らしていく社会を形成していく上で必要不可欠なものである。この公共サービスの提供には費用がかかり，その費用を賄う財源を必要とする。公共サービスの多くは，基本的には社会を構成する者が広くその便益を受ける性格のものであるので，受益と費用負担を直接結びつけることができない性格を有している。このため公共サービスは，直接の反対給付を伴わない租税という形で賄うことになる。
　このように，租税の最大かつ本源的な機能は公共サービスの財源を調達することにある。

(b) 所得・資産の再分配機能
　租税は，個人所得課税や相続税などの累進課税制度のもとで，税金を負担する能力（担税力）のより高い者により多くの税金を課すことにより，所得や資産の分配を是正し，公平な社会を創り出すことができる。これが租税の社会政策上の機能・目的である。しかしながら，所得や資産の再分配機能が働きすぎると勤労意欲を奪い，また，資産や資産家の海外流出を促進することになりかねない。
　市場主義を基本とする経済社会では，「結果の平等」より「機会の平等」が

重視される傾向からも,所得の再分配のもつ社会的意義は小さくなりつつある。
　(c)　**経済の安定化・景気調節機能**
　活力のある社会を創りだすためには,経済の安定が必須の要件である。個人所得課税や法人課税は,好況期には名目経済成長率の伸び以上に税収が増加して総需要を抑制する方向に作用し,不況期には逆に税収の伸びが鈍化して総需要を刺激する方向に作用することで,制度改正などを伴わず景気を自動的に調節して安定をもたらす機能（ビルトイン・スタビライザー機能）をもつ。
　また,租税は制度改正を通じて積極的に経済を安定化させる機能をもつ。不況期には,減税による可処分所得の増加を通じ景気を拡大させ,加熱期には,増税により超過需要の発生やインフレを防止するという財政政策がこれである。しかし,わが国の場合,所得税の課税最低限の高さ等の理由により,減税が消費の拡大に結びつくことが少なく,不況期の景気調節機能は十分機能してこなかった。

2　租税民主主義と租税の基本原則

(1)　租税民主主義

　租税の最大かつ基本的な機能は「公共サービスの財源調達」であることは前述のとおりである。公共サービスの財源としてどの程度のものが必要か,それを具体的に誰がどのように分担するか,このルールが税制である。民主主義のもとでは,この税制は最終的には国民の意思によって決定される。租税を納めることは自らの受益と直接関係なく金銭等を拠出するものであるので,あらかじめ定められた手続きに基づいて国民の合意のもとにルールが決められなければならない。一方,国民や納税者がルールに基づいた納税を行わなければ必要な税収は集まらず,また,不公平が生じるので,ルールに強制力を付すことによって実効性をもたせる必要が生じる。これが国や地方公共団体の課税権である。しかし,公共サービスの財源を調達するためといっても,国や地方公共団体は自由に租税を賦課,徴収してもよいということではない。このため,近代国家では,租税は法律に基づいて課税することが原則となっており,これが「租

税法律主義」と呼ばれるものである。日本国憲法では，30条で納税を国民の義務とし，84条に定める「租税法律主義」により，国や地方公共団体の課税権が濫用されないよう民主的な規制を加えている。

このように「納税の義務」と「租税法律主義」は表裏一体の関係にあり，ここに近代国家税制の特徴がある。

憲法30条　「国民は，法律の定めるところにより，納税の義務を負ふ。」
　　84条　「あらたに租税を課し，又は租税を変更するには，法律又は法律の定める条件によることを必要とする。」

（2）租税の基本原則

どのような原則により税制を構築することが望ましいかについては，従来から各種の租税原則が提唱されてきたが，一般的には「公平」・「中立」・「簡素」の3つをあげることができる。

(a) 公　　平

「公平」の原則は，税制の基本原則の中でも最も重要なものであり，様々な状況にある人々が，それぞれの経済力に応じて租税を負担するという意味である。「水平的公平」と「垂直的公平」とがあり，さらに，近年では「世代間の公平」が重要性を増している。

「水平的公平」は，等しい経済力のある人には等しい負担を求めるという考え方で，いかなる経済・社会状況においても変わることのない最も基本的な要請である。「垂直的公平」とは，経済力の大きい人はより大きな負担をすべきであるという考え方で，これは，累進課税制度により所得や資産などの再分配機能をどの程度発揮させるかということを意味する。

「世代間の公平」は，異なる世代を比較した場合の負担の公平が保たれているかという観点と，それぞれの世代の受益と負担のバランスが保たれているかという観点の両方から考える必要がある。少子・高齢化から人口の減少に向かいつつあるわが国では，勤労世代だけが税負担を行うこととなれば，その負担が過重となり経済社会の活力を阻害してしまいかねないため，高齢者であっても経済力のある人はそれに見合った負担を行っていくことが重要になる。ま

た，現世代が公的サービスを賄うための十分な租税を負担せず，その結果，公債という財源調達手段に依存し，その負担を将来世代に先送りする場合にも，世代間の公平を損なうことになるという問題が生じる。

(b) 中　立

「中立」の原則とは，税制ができるだけ個人や企業の経済活動における選択を歪めることがないようにするという意味である。公共サービスの提供は，経済の発展に寄与するものであるが，その財源調達手段となる税制ができるかぎり経済活動や経済の発展に支障をきたさないようにすることが大切である。また，政府の役割が見直され，市場の機能を発揮することによる資源配分が従来以上に重視されるようになってきており，個人や企業の潜在能力を最大限に引き出して経済社会の活力を促すという観点から，「中立」の原則は一層重要なものになっていくと考えられる。

(c) 簡　素

「簡素」の原則とは，税制をできるだけ簡素で透明性の高いものとし，納税者が理解しやすいものとするということである。個人や企業が経済活動を行うにあたって，税制は常に経営者の意思決定に影響を与える重要な要素の１つである。税制が簡素でわかりやすいこと，自己の税負担の計算が容易であること，さらに納税者にとっての納税コストが安価であることは，国民が自由な経済活動を行う上で重要である。また，納税者側のみならず，執行側からも徴税コストが安価であることも税制を検討する上で重要な要請である。

(d) 税制の基本原則と国際的整合性

本来税制は，その国の歴史や文化，経済や社会の仕組みなどを反映して独自に構築されるもので，課税権は国家主権に属するものである。しかしながら，経済活動の国際化が進展する中，国際的な競争力や経済の活力維持などの観点から，わが国の税制の仕組みや負担水準があまりに諸外国とかけ離れたものであれば，国境を越える資本の移動など様々な問題を生じさせる。このような観点から，わが国でも法人課税の実効税率や個人所得課税の最高税率などについて，見直しが行われてきた。

3 租税の分類

租税はいろいろな視点から分類されるが、ここでは主要なものを取り上げる。

(1) 国税と地方税

課税権の主体による分類である。国が課税する税金を国税といい、地方公共団体が課税する税金を地方税という。地方税は、道府県が課税する道府県税と市町村が課税する市町村税に分類される（**図表9-1**）。また東京都は道府県税に相当する税を、東京都の特別区は市町村税に相当する税を課税する。特別区税には、特別区民税（個人）、特別区たばこ税、軽自動車税などがある。

(2) 直接税と間接税

納税義務者とその税金を実質的に負担する者（担税者）が同一人かどうかに

図表9-1　国税と地方税

	国税	地方税		国税	地方税
所得課税	所得税 法人税 地方法人特別税 復興特別所得税 地方法人税	住民税 事業税	消費課税	消費税 酒税 たばこ税 たばこ特別税 揮発油税 地方揮発油税 石油ガス税 自動車重量税 航空機燃料税 石油石炭税 電源開発促進税 国際観光旅客税 関税 とん税 特別とん税	地方消費税 地方たばこ税 ゴルフ場利用税 自動車取得税 軽油引取税 自動車税 軽自動車税 鉱区税 狩猟税 鉱産税 入湯税
資産課税等	相続税・贈与税 登録免許税 印紙税	不動産取得税 固定資産税 事業所税 都市計画税 水利地益税 共同施設税 宅地開発税 特別土地保有税 法定外普通税 法定外目的税 国民健康保険税			

出典：財務省ホームページ「わが国の税制の概要」『わが国税制・財政の現状全般』より。

図表9-2 直間比率の国際比較（国税＋地方税）

	日　本	アメリカ	イギリス	ドイツ	フランス
直間比率	66：34	78：22	56：44	53：47	55：45

(注) 1　日本は平成27年度（2015年度）実績額。なお、平成30年度（2018年度）予算における直間比率（国税＋地方税）は、67：33となっている。
　　 2　諸外国はOECD "Revenue Statistics 1965-2016" による2015年の計数。OECD "Revenue Statistics" の分類に従って作成しており、所得課税、給与労働力課税及び資産課税のうち流通課税を除いたものを直接税、それ以外の消費課税等を間接税等とし、両者の比率を直間比率として計算している。
出典：財務省ホームページ「わが国の税制の概要」『国際比較』より。

よる分類である。納税義務者と担税者が同一人である税金を直接税といい、納税義務者と担税者が異なる税金を間接税という。たとえば、所得税や法人税は直接税の代表的なものであり、消費税は間接税の代表的なものである。

　税収入に占める直接税と間接税の割合を直間比率というが、消費税の導入時や消費税率の見直しが議論されたときには、この直間比率の問題が大きく取り上げられた。わが国の国税収入における直間比率とその国際比較は**図表9-2**のようになっている。

（3）普通税と目的税

　一般経費の支弁を目的として課税される租税が普通税であり、特定の費用支弁の目的をもって課税される租税が目的税である。目的税は例外的なものに限られ、国税では電源開発促進税などがあり、地方税では水利地益税、共同施設税、都市計画税などがある。近年、福祉目的税の創設が議論されたり、道路整備目的税であった揮発油税、石油ガス税の一般財源化が行われた。

4　国家財政とプライマリーバランス

（1）国家財政

　平成30（2018）年度一般会計予算における歳出は97.7兆円で、そのうち国債費は23.3兆円で全体の4分の1の割合を占めている。一般会計歳出から国債費、地方交付税交付金等を除いたものを「一般歳出」という。社会保障関係

図表9-3 2018年度一般会計歳出・歳入の構成

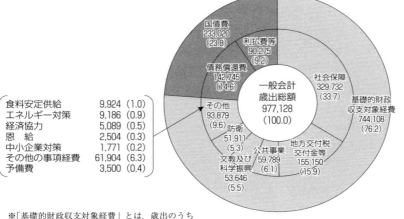

※「基礎的財政収支対象経費」とは、歳出のうち国債費を除いた経費のこと。当年度の政策的経費を表す指標。
※「一般歳出」（=「基礎的財政収支対象経費」から「地方交付税交付金等」を除いたもの）は、588,958（60.3%）。

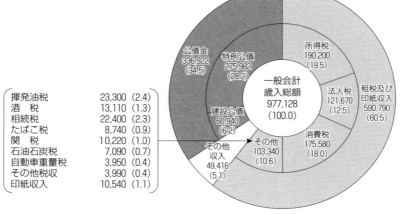

（注1）計数については、それぞれ四捨五入によっているので、端数において合計とは合致しないものがある。
（注2）一般歳出※における社会保障関係費の割合は56.0%。
出典：財務省ホームページ「わが国の税制の概要」『わが国税制・財政の現状全般』より。

図表9-4 一般会計税収、歳出総額および公債発行額の推移

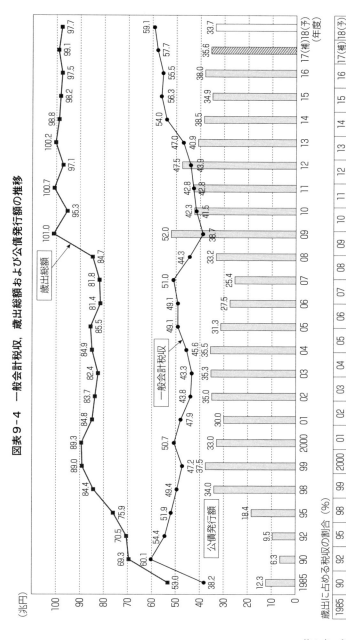

(注1) 2016年度以前は決算額. 2017年度は補正後予算額. 2018年度は予算額による.
(注2) 公債発行額は、1990年度は湾岸地域における平和回復活動を支援するための財源を調達するための臨時特別公債, 1994～96年度は消費税率3％から5％への引上げに先行して行った減税による租税収入の減少を補うための減税特例公債, 2011年度は東日本大震災からの復興のために実施する施策の財源を調達するための復興債, 2012年度および13年度は基礎年金国庫負担2分の1を実現する財源を調達するための年金特例公債を除いている.

出典：財務省ホームページ「わが国の税制の概要」「わが国税制・財政の現状全般」より.

第9章 税金と法

費がこの一般歳出の2分の1を超え，歳出総額からみても3分の1を超えている。

2018年度一般会計予算における歳入は97.7兆円で，そのうち租税収入およびその他の収入は64.0兆円で，残りの約33.7兆円を公債発行で補っている。租税及び印紙収入（59.0兆円）のうち，最も税収が大きい税目は所得税（19.0兆円）で，これに消費税（17.6兆円），法人税（12.2兆円）がつづく。所得税，消費税，法人税は国税の三大税目と称され，この三税目で租税及び印紙収入の5分の4を超える割合を占める。

歳出総額と税収とのギャップが拡大したのは1992年ごろからで，バブル経気崩壊後の長期にわたる不況によって税収が落ち込んだためである。バブル景気時には，法人税をはじめ，土地や株式の譲渡所得による土地長者・株長者が高額納税者上位を占める所得税も税収は拡大し，1990年には25年ぶりに赤字公債（特例公債）の発行がゼロとなった。しかし，バブル崩壊後の長引く経済低迷の中で，減税策がとられたこともあり税収が落ち込み，同時に景気回復を図るために歳出拡大が行われてきた。また近年は，高齢化社会の進展とともに，社会保障関係費の増大傾向が著しいものとなっている。

2018年度の公債依存度（歳出総額のうち公債発行によって賄われている割合）は34.5％で，一時よりは改善されたものの，高い割合となっている。この結果，2018年度末には，公債の発行残高は883兆円が見込まれ，この金額は「一般会計税収」の15年分に相当し，国民1人あたりでみると700万円に達している。

（2）プライマリーバランス

プライマリーバランス（P.B.）は，基礎的財政収支を意味し，歳出から国債費（利払費と償還費）を除いたものと歳入から公債金収入を除いたもののバランスである。すなわち，われわれ国民が享受する「公共サービス」と，このためにわれわれ国民が負担しなければならない「租税等」のバランスをあらわすものである。

平成30（2018）年度予算の財政赤字の金額は，公債金33兆6000億円から債務償還費14兆2000億円を差引いた19.4兆円である。

図表9-5 プライマリーバランス

プライマリーバランスの赤字	
公債金収入	利払費・公債償還費
	PB 赤字
税収等	一般歳出等

プライマリーバランスの均衡	
公債金収入	利払費・公債償還費
税収等	一般歳出等

プライマリーバランスの黒字	
公債金収入	利払費・公債償還費
	PB 黒字
税収等	一般歳出等

　2018年度のP.B.は，歳出から国債費を除いた一般歳出等が74.4兆円になり，歳入から公債金収入を除いた税収等が64.0兆円となるので，10.4兆円の赤字である。このP.B.の赤字は，負担する租税以上の公共サービスをわれわれ国民は受けていることを意味する。少子・高齢化が進むわが国では，現世代が負担以上の公的サービスを享受し公債発行が雪だるま式に累増している。公債発行残高の増大は，次世代に大きな負担を求めることになり，将来の経済社会の活力や発展に悪影響を与える。

5　今後の展望と課題

　少子・高齢化から人口減少へと進むわが国では，社会が「成長の時代」から「成熟の時代」に大きく変化している。「成長の時代」には，景気が回復すると過去の財政赤字の累積は比較的簡単に解消できていた。しかし「成熟の時代」には，われわれ国民が今までどおりの公共サービスや新たな公共サービスを受けるためには，より大きな負担（増税）を必要としていることを十分に認識する必要がある。特に公債発行に依存する財政政策は，参加と選択の機会のない後世代の一人一人に重い負担をかけることとなる。急速な少子・高齢化の進展のもとでは，このような意味における世代間の公平を確保することがきわめて重要であり，現世代は，後世代の負担に対して従来以上に配意していくことが求められる。

　わが国の財政状態をみると，プライマリーバランスを均衡状態に回復させる目標設定が必要である。この場合には目標達成の時期だけでなく，その内容を

われわれ国民に開示することが課税権者の責任である。すなわち，国民の選択のために具体的な選択肢を含む情報を提供が必要となる。

　税制は国民生活，文化，慣習，経済等のあらゆる社会生活，すなわち社会のあり方と密接に関連するものである。特に今日の税制改革議論は，わが国の将来のあり方を大きく左右するものであることを認識しなければならない。国民一人一人が今後の税制論議に参加し，その上で，あるべき税制について選択していくことが重要である。どのような公共サービスがどの程度必要とされるか，公共サービスの財源としてどの程度のものが必要か，それを具体的に誰がどのように分担するかについて，最終的に有権者である国民が選択しなければならない。そのためには，われわれ国民が「税」についての知識をもち，理解を深める一方，課税権者である国や地方公共団体も，様々な情報を開示し，国民自身の意思決定を積極的にバックアップする姿勢を明確にする必要がある。

第10章 犯罪と法

1 罪刑法定主義

　どのような行為が犯罪となるか，その犯罪に対してどのような刑罰が科せられるかを規定した法律を刑法という。つまり，刑法は犯罪と刑罰との関係を定める法体系の中心であり，この刑法を支配する最も重要な原則として罪刑法定主義がある。

　罪刑法定主義とは，一定の行為が犯罪として刑罰を科せられるためには，あらかじめ成文の法によってそのことが定められていなければならないとする原則であり，「法律なければ犯罪なし，法律なければ刑罰なし」という言葉であらわされている。この言葉は，ドイツの刑法学者フォイエルバッハ（Feuerbach, L.）が，1801年，その著書『刑法論』の中ではじめて用いたものであるが，罪刑法定主義の思想は，絶対君主制のもとにおける国王または国王の命を受けた裁判官の罪刑専断に反抗して，国民の人権保障を目的として生まれた。その源は，「イギリス人の自由の礎石」といわれている1215年の大憲章（Magna Carta）39条「いかなる自由人も，同輩の適法な裁判または国法によるのでなければ，逮捕され，監禁され，領地を奪われ，法的保護を奪われ，追放されることはなく，いかなる方法によっても侵害されることはない。朕は彼の上に赴かず，また彼の上に人を派せない」との規定にある。その後，大憲章によって芽生えた罪刑法定主義の思想は，権利請願（1628年）や権利章典（1689年）に受け継がれ，さらにアメリカの独立宣言（1776年）に採用されるとともに，1789年のフランス人権宣言8条「法律は厳格かつ明白に必要な刑罰のみを定めなければならず，何人も犯罪に先立って制定・公布され，かつ，適法に適用された法律によらなければ処罰されない」との規定によって確固たる基礎を確立した。そして，フランス人権宣言のこの規定以後，西欧諸国の憲法および刑法は，明文の規定で罪刑法定主義を採用しており，この原則は，19世紀以降の近代刑法の核心と

なる大原則となっている。

わが国も，日本国憲法31条が「何人も，法律の定める手続によらなければ，その生命若しくは自由を奪はれ，又はその他の刑罰を科せられない」として罪刑法定主義の基本原則を明記した上で，39条が「何人も，実行の時に適法であった行為又は既に無罪とされた行為については，刑事上の責任を問はれない」として罪刑法定主義が要請するところの刑罰法規不遡及の原則を明定している。

2 犯　　罪

(1) 犯罪の類型

犯罪の類型は，刑法の保護法益，すなわち法的に保護される利益の種類との関連で多種多様に分かれるが，国家的法益に対する犯罪，社会的法益に対する犯罪，個人的法益に対する犯罪の3種類に分けるのが通常である。

(a)　**国家的法益に対する犯罪**

国家的法益に対する犯罪とは，直接に国家自体の法益に向けられた侵害・脅威を内容とするものである。

これに属する犯罪としては，「内乱に関する罪」(刑77条〜80条)，「外患に関する罪」(刑81条〜88条)，「国交に関する罪」(刑92条〜94条)，「公務の執行を妨害する罪」(刑95条〜96条の6)，「逃走の罪」(刑97条〜102条)，「犯人蔵匿及び証拠隠滅の罪」(刑103条〜105条の2)，「偽証の罪」(刑169条〜171条)，「虚偽告訴の罪」(刑172条・173条)，「汚職の罪」(刑193条〜198条)がある。

(b)　**社会的法益に対する犯罪**

社会的法益に対する犯罪とは，刑法的保護の対象とされている社会的・文化的価値の侵害を内容とするものである。

これに属する犯罪としては，「騒乱の罪」(刑106条・107条)，「放火及び失火の罪」(刑108条〜118条)，「出水及び水利に関する罪」(刑119条〜123条)，「往来を妨害する罪」(刑124条〜129条)，「あへん煙に関する罪」(刑136条〜141条)，「飲料水に関する罪」(刑142条〜147条)，「通貨偽造の罪」(刑148条〜153条)，「文書偽造の罪」(刑154条〜161条の2)，「有価証券偽造の罪」(刑162条・163条)，

「支払用カード電磁的記録不正作出等」（刑 163 条の 2 〜 163 条の 5)，「印章偽造の罪」（刑 164 条〜 168 条)，「不正指令電磁的記録に関する罪」（刑 168 条の 2・168 条の 3)，「わいせつ，強制性交等及び重婚の罪」（刑 174 条〜 184 条)，「賭博及び富くじに関する罪」（刑 185 条〜 187 条)，「礼拝所及び墳墓に関する罪」（刑 188 条〜 192 条）がある。

(c) **個人的法益に対する犯罪**

個人的法益に対する犯罪とは，個人の生命・身体・自由・財産などの個人的法益を侵害し，または危険にさらすものである。

これに属する犯罪としては，「殺人の罪」（刑 199 条〜 203 条)，「傷害および暴行の罪」（刑 204 条〜 208 条の 3)，「過失傷害の罪」（刑 209 条〜 211 条)，「堕胎の罪」（刑 212 条〜 216 条)，「遺棄の罪」（刑 217 条〜 219 条)，「逮捕及び監禁の罪」（刑 220 条・221 条)，「略取，誘拐及び人身売買の罪」（刑 224 条〜 229 条)，「脅迫の罪」（刑 222 条・223 条)，「住居を侵す罪」（刑 130 条〜 132 条)，「秘密を犯す罪」（刑 133 条〜 135 条)，「名誉に対する罪」（刑 230 条〜 232 条)，「信用及び業務に対する罪」（刑 233 条〜 234 条)，「窃盗及び強盗の罪」（刑 235 条〜 245 条)，「詐欺及び恐喝の罪」（刑 246 条〜 251 条)，「横領の罪」（刑 252 条〜 255 条)，「盗品等に関する罪」（刑 256 条・257 条)，「毀棄及び隠匿の罪」（刑 258 条〜 264 条）がある。

（2）犯罪の成立要件

犯罪とは，構成要件に該当する違法で有責な行為であると定義されている。したがって，刑法上の犯罪が成立するためには，構成要件該当性，違法性，有責性という 3 つの要素を具備していなければならない。

(a) **構成要件該当性**

「法律なければ犯罪なし，法律なければ刑罰なし」という言葉であらわされる罪刑法定主義のもとでは，犯罪が成立するためには，まずその行為が刑法その他の法律の定める犯罪類型に該当する行為でなければならない。たとえば，刑法 199 条が規定する普通殺人罪の構成要件は，人を殺するということを内容とするものであるから，故意に人を殺す者があれば，その行為は刑法 199 条の構成要件に該当する。逆に，いかに反社会的・反倫理的な行為であっても，そ

れが刑法その他の法律の定める構成要件に該当しないときは，犯罪とはならない。

(b) **違法性**

構成要件に該当する行為であっても，それだけでは犯罪とはならない。たとえば，人を殺した場合でも，正当防衛による行為，すなわち「急迫不正の侵害に対して自己または他人の権利を防衛するため，やむを得ずにした行為」（刑36条1項）であるときには，それは法律上許されたものであるから犯罪とはならない。犯罪となるためには，その行為が法律上許されないものでなければならない。このように，ある行為が法律上許されないという価値判断を違法性というから，犯罪とは，構成要件に該当する違法な行為でなければならない。なお，刑法は，違法性が阻却される事由として，前述の正当防衛のほか，緊急避難（刑37条）および法令または正当な業務による行為（刑35条）を規定している。

(c) **有責性**

構成要件に該当する違法な行為であっても，その行為者が社会的に非難されるという性質，すなわち有責性（責任）を問うことができない場合には，その行為は犯罪とならず，刑罰も科せられない。このことは，「責任なければ刑罰なし」という原則としてあらわされている。したがって，責任能力を欠く者，たとえば心神喪失者（刑39条1項），14歳未満の者（刑41条）等の責任無能力者の行為は犯罪とはならず，また，心神耗弱者（刑39条2項）等の限定責任能力者の行為は，犯罪とはなるが刑罰が減軽されている。

3　刑罰の種類

今日，刑罰というときには，国家の法律によって定められ，国家によって執行される制裁を意味する。現行刑法の規定している刑罰には，死刑，懲役，禁錮，罰金，拘留および科料の主刑と，付加刑（主刑に付加してのみ科せられる）としての没収の7種類がある（刑9条）。なお，学問上これらを生命刑，自由刑，財産刑に大別している。

(1) 生命刑

生命刑とは，犯罪者の生命をはく奪し，その社会的存在を永久に抹殺することを内容とする刑罰であり，死刑がこれにあたる。死刑は最も古い刑罰であり，その執行方法は，現在でも，電気殺，ガス殺，銃殺，絞殺など国によって種々である。わが国では，死刑は，監獄内で絞首して執行することになっている（刑11条）。もっとも，18歳未満の者には死刑を科することは許されない（少51条）。

なお，死刑という刑罰については，人道上あるいは誤判や威嚇力の問題などから，その廃止論が強く主張されてきており，1989年12月には，いわゆる死刑廃止条約が国連総会で採択されている。しかしながら，わが国をはじめアメリカ，イラン，中国などでは依然として死刑制度は存続している。

(2) 自由刑

自由刑とは，犯罪者の身体を拘束して，その自由をはく奪することを内容とする刑罰であり，懲役，禁錮および拘留がこれにあたる。懲役と禁錮は，無期と有期に分かれ，有期は，原則として，1か月以上20年以下の期間であるが（刑12条・13条），減軽するときは1か月未満に下げることができるし，加重するときは30年まで上げることができる（刑14条2項）。懲役と禁錮はいずれも刑事施設に拘置するのであるが，懲役には所定の作業いわゆる強制労働が科せられ（刑12条2項），したがって，同じ期間でも懲役のほうが禁錮よりも刑罰としては重いことになる。拘留は，軽い自由刑であり，1日以上30日未満の期間，刑事施設に拘置するものである（刑16条）。

(3) 財産刑

財産刑とは，犯罪者から財産的利益をはく奪することを内容とする刑罰であり，罰金，科料および没収がこれにあたる。罰金と科料の違いは金額の差だけであり，罰金は，原則として1万円以上であるが，これを減軽するときは1万円未満に下げることができ（刑15条），科料は，1000円以上1万円未満である（刑17条）。なお，罰金および科料を完納することができない者は，換刑処分として労役場留置の措置がとられる（刑18条）。没収は，犯罪反覆の防止，犯罪

による利得の禁止を目的とする付加刑であるから，主刑に付加してのみ科せられる刑罰で，単独で科せられることはない（刑19条）。

(4) 執行猶予と仮釈放

自由刑の執行と罰金刑とに関して注意すべき制度として，刑の執行猶予と仮釈放の制度がある。

刑の執行猶予とは，刑の言渡しを受けた者に対し，一定の期間刑の執行を猶予し，その期間に犯罪を犯して猶予を取消されることなく経過したときには，刑の効力を失わしめる制度をいい，3年以下の懲役もしくは禁錮または50万円以下の罰金の言渡しを受けた者で，原則として前科のない者に言い渡すことができる（刑25条～27条）。

仮釈放とは，懲役または禁錮の受刑者に対し，その改悛を促進することを目的として，刑期満了前に仮に釈放を許す制度である。受刑者に改悛の状が顕著にあるときは，有期刑については刑期の3分の1，無期刑については服役後10年を経過した後に，行政官庁の処分によって行うことができる（刑28条）。

4　刑罰の本質，目的

刑法は，犯罪と刑罰との関係についての法であり，その解決・適用は，国家・社会の存立はもとより，個人の生命・自由・財産のような貴重な価値に深く関係する。したがって，刑罰の本質ないし目的をどのように解するか，犯罪概念をどのように決定するかについて，種々の見解が鋭く対立している。

(1) 応報刑主義と教育刑主義

これは，刑罰の本質をどのように解すべきかについて相対立する思想である。

応報刑主義は，応報をもって刑罰の本質であると考える立場である。人は一定の年齢に達すると，特に精神に障害のある者のほかは理性に従って行動するという自由な意思がある。犯罪は，人が理性にしたがって行動するという自由な意思があるにもかかわらずその理性の要求に反してなされた行為であるか

ら，その道義的責任を追及されるのは当然であり，それは正義の要求するところでもある。したがって，刑罰は，悪すなわち犯罪に対してそれに相当した分量の害悪をもって応えることを本質と考えるものといえる。

これに対して，教育刑主義は，犯罪者を教育することが刑罰の本質であると考える立場である。刑罰の目的は，犯罪から社会を防衛することにあるが，これは応報によっては達せられない。人はすべて平等な意思を有するわけでなく，人の意思はその個人の素質と環境，すなわち個人的原因と社会的原因とによって決定され，支配されている。したがって，社会的原因に由来する犯罪は，社会の改良によって除去すべきであり，その個人的原因に由来する犯罪は，その原因が，病的であるか，慣習的であるか，偶発的であるかの区別にしたがって，これに適合した方策を講ずべきである。犯罪者に適した刑罰を科し，犯罪者を改善することによって，はじめて社会を犯罪から防衛するという目的が達成されると考えるものといえる。

（2） 一般予防主義と特別予防主義

これは，刑罰の機能・作用を中心とした刑罰の目的についての思想の区別である。

一般予防主義は，刑罰により社会の一般人が犯罪を犯すのを予防することに重点をおく立場であり，特別予防主義は，犯罪者が再び犯罪を犯すのを防止することに重点をおく立場である。したがって，これは重点のおき方による相対的な区別であり，両主義は絶対に他を排斥するものではない。刑罰は，一般人と犯罪者の両者に対して予防的機能を発揮することを必要とするものであり，問題は，どちらに重点をおくかである。一般予防主義は，一般人が犯罪を犯すことの予防を刑罰の威嚇作用に求めることによって，応報刑主義と結びつくことが多く，特別予防主義は，犯罪者の将来における犯罪反覆の危険性を除去することを本質とするものであるから，犯罪者それぞれの特性に応じて刑罰の内容を決めようとするものであり，それは刑罰の個別化という点で教育刑主義と同一の原理に立つものといえる。

(3) 客観主義と主観主義

　刑法は，ある一定の行為を犯罪としてこれに刑罰を科すのであるが，それは，一定の法益を侵害したという客観的事実，すなわち，犯罪者の行為から生じた実害を対象として刑罰を科すべきなのか，または，一定の法益を侵害しようとする主観の意思，すなわち，犯罪者の犯罪的意思または性格を対象として刑罰を科すべきなのか，という問題についての対立がこの区別である。前者の立場が客観主義であり，刑罰の軽重は犯罪行為によって生じた実害の大小によって決めるべきであると考え，後者の立場が主観主義であり，刑罰は犯罪者の将来における犯罪反覆の危険性の大小によって決めるべきであると考えるものである。一般に，特別予防主義に重点をおく者は，個々の犯罪者の社会的危険性に対して適当な刑罰を科そうとするから主観主義の立場をとり，一般予防主義に重点をおく者は，客観主義の立場を重視するといえる。

第Ⅱ部　日本国憲法

第11章　日本国憲法

1　憲法の意義

（1）近代立憲主義憲法

　日本国民は日本国憲法を守らなければならないのであろうか。この質問に答えるためには，日本国憲法がどのような法であるかを理解しなければならない。
　そもそも「憲法」という語は，英語では constitutional law，その意味は「構造法，組織法」である。つまり，「国家の組織および作用に関する根本法」を憲法と呼ぶのである（固有の意義の憲法）。この意味での憲法は，成文法か不文法かはともかく，国家という組織が存在する以上，そこには必ず存在する。しかし，1789年のフランス人権宣言16条は「権利の保障が確保されず，権力の分立が定められていない社会は憲法を有しているとはいえない」という。「人権保障」と「権力分立」という2つの内容を盛り込んだ憲法であってこそ，はじめて憲法と呼ぶに値するというのである。このような内容を盛り込んだ憲法は市民革命以降の社会にみられるため「近代的意義の憲法」と呼ばれる。
　この近代的意義の憲法の根底にあるのが，「立憲主義」という思想である。立憲主義とは，広義には，憲法に基づいて政治を行うことをいうが，狭義には，個人の権利・自由を守るために国家権力を制限することをいう。一般には，この立憲主義的憲法の淵源は，中世にまで遡ることができるといわれる。中世においては，君主は絶対的な権力を保持して臣民を支配していたが，この王権の恣意的行使を制限する目的で発せられた文書（マグナ・カルタ，権利請願，権利章典等）が立憲主義憲法のはじまりであるというのである。君主が実権を失った，あるいは君主そのものが存在しなくなった後，君主に代わって国家権力を行使するのは国民の代表者たちである。その代表者たちに向けて書かれた法が憲法なのである。
　要するに，近代立憲主義憲法とは，①国家権力制限規範，②最高法規（国

会制定法より上位法）という性格を有する法であって，③その制定者は国民であり，④その制定目的は国民の自由や権利を国家権力から守ることにある。日本国憲法もこのような性格を有する法なのである。

　冒頭の問題に対する答えは，日本国憲法の中にある。99条である。すなわち，憲法を尊重し擁護する義務を負うのは「天皇又は摂政及び国務大臣，国会議員，裁判官その他の公務員」であって，国民ではない。換言すれば，憲法の「名宛人」は同条に列挙された国家権力に携わる者たちであり，国民はその「差出人」だといえる。

（2）日本国憲法

　日本国憲法は，前文と11章からなる。前文は憲法の一部であるが，その内容の抽象性故に，個別の条文の解釈指針とはなっても裁判規範としての性格を有するものでない，と解されている（長沼訴訟，札幌高判昭51・8・5行集27・8・1175）。前文には，国民主権・基本的人権の尊重・平和主義の3つの基本原理が明記されている。本文は，全11章103か条からなる。「第1章：天皇」，「第2章：戦争の放棄」，「第3章：国民の権利及び義務」，「第4章：国会」，「第5章：内閣」，「第6章：司法」，「第7章：財政」，「第8章：地方自治」，「第9章：改正」，「第10章：最高法規」，「第11章：補則」である。

2　天　　皇

（1）天皇の地位

　明治憲法においては天皇主権が建前であり，その地位も祖先たる神の意志に根拠をもつとされており（明治憲法1条・3条），さらに，同憲法4条は，天皇を統治権の総覧者，元首として明記していた。しかし，日本国憲法においては，「天皇は，日本国の象徴であり日本国民統合の象徴であって，この地位は，主権の存する日本国民の総意に基く」とされている（憲1条。以下，日本国憲法は条文のみの表示とする）。「象徴」とは英語のSymbolにあたる語であり，鳩が平和の象徴，国旗が国家の象徴であるように，抽象的・無形的なものをあらわす

具体的・有形的なものをいう。天皇は、もはや国政に関する権能を有せず、この象徴という精神的・心理的な機能のみを有するにすぎない。

（2）国事行為

　日本国憲法は「天皇は、この憲法の定める国事に関する行為のみを行ひ、国政に関する権能を有しない」と定め（4条）、「天皇の国事に関するすべての行為には、内閣の助言と承認を必要とし、内閣が、その責任を負ふ」と規定している（3条）。天皇は政治的行為は一切行えず、憲法に定められた国事行為と呼ばれる形式的・儀礼的行為のみを行う。その国事行為を行うに際しても、天皇は内閣の「助言と承認」を要するのである。国家機関として行う天皇の国事行為については、憲法6条・7条に定められている。

3　戦争の放棄

（1）憲法9条と解釈

　憲法は、その前文で「政府の行為によって再び戦争の惨禍が起ることのないやうにすることを決意し」て、この憲法を制定したことを明らかにしており、9条1項で「日本国民は、正義と秩序を基調とする国際平和を誠実に希求し、国権の発動たる戦争と、武力による威嚇又は武力の行使は、国際紛争を解決する手段としては、永久にこれを放棄する」と定め、同条2項では「前項の目的を達するため、陸海空軍その他の戦力は、これを保持しない。国の交戦権は、これを認めない」と規定している。

　このように、日本国憲法は、戦争の放棄、戦力の不保持、交戦権の否認について定めているが、その解釈をめぐっては争いがある。①1項で放棄する「戦争」とは、一切の戦争をいうのか、侵略戦争のみを指しているのか、②2項の「戦力」も一切の戦力を指すのか、それとも自衛のための戦力の保持は許されるのか、等々の解釈についての争いである。

　学説の多くは、自衛のための戦争も含めた一切の戦争を放棄し、一切の戦力の不保持を定めたものと解している。これに対して、政府は憲法制定当初には

学説と同様の立場をとっていたが，警察予備隊設置後は異なる解釈をとるようになった。すなわち，第1に，1項の「国際紛争を解決する手段としては」という用法が，国際法上，慣行的に侵略戦争を指していることから，自衛戦争は1項によって放棄されていない。第2に，2項の「前項の目的」とは1項の侵略戦争の放棄を指しており，自衛戦争は放棄されていないので自衛のための戦力の保持は否定されていない。そして，憲法で禁止された「戦力」については，「近代戦争を有効適切に遂行しうるだけの装備と編成をもつもの」，さらに，第4次防衛5か年計画が出された1972（昭和47）年以降は「自衛のための必要最小限度を超える能力」をいう，とする解釈をとってきている。

しかし，9条は「自衛権」そのものについては何も触れていない。「自衛権」とは，国家が急迫不正の侵害を受けた場合に，自国の生存と安全を守るために自らを防衛する権利であり，9条といえども，これを否定するものではない，と通説・判例ともに解している（砂川事件，最大判昭34・12・16刑集13・13・3225）。ただし，ここでいう「自衛権」とは個別的自衛権のことであり，集団的自衛権（国連憲章51条）となると問題は異なる。わが国では，集団的自衛権の行使は，自国防衛の範囲を超えることになり許されないと解されており，政府もまた，そのように解してきている。

しかし，安倍政権は，2014（平成26）年7月1日，従来の政府解釈を変更し，集団的自衛権の行使が憲法9条から容認されるとの立場をとった。すなわち，「我が国と密接な関係にある国に対する武力攻撃が発生し，我が国が侵害される明白な危険があり」，他に適当な手段がない場合，我が国が直接攻撃されていない場合でも，必要最小限の実力行使ができる。かかる政府解釈に基づき，「平和安全法制」（2016年3月29日施行）を制定したのである。

(2) 憲法9条と裁判所

これまで，9条に関しては，日米安保条約の合憲性（砂川事件），自衛隊の合憲性（恵庭事件，長沼事件，百里基地事件等）が，裁判所において争われたが，最高裁はいずれの問題に対しても判断を下していない（砂川事件では第一審東京地裁が安保条約を，長沼事件では第一審札幌地裁が自衛隊をそれぞれ違憲と判断してい

る）。安保条約に関しては，最高裁は，「わが国の存立の基礎にきわめて重大な関係をもつ高度の政治性を有するものというべきであって」，その合憲性の判断は「純司法機能をその使命とする裁判所の審査にはなじま」ないとして，「一見極めて明白に違憲無効であると認められない限りは，裁判所の司法審査権の範囲外」にあるとして判断を回避している（前掲，砂川事件）。

また，自衛隊に関して，長沼事件控訴審も，このような「高度の政治性を有する国家行為については，統治行為として第1次的には本来その選択行使を信託されている立法部門ないし行政部門の判断に従い終局的には主権者である国民自らの政治的批判に委ねら」れるべきであるとして，砂川事件判決同様の意見を述べている（札幌高判昭51・8・5 行集27・8・1175）。同事件では最高裁は「訴えの利益」の消滅を理由として上告を棄却している。

4 人権総論

(1) 基本的人権の性格とその根拠

日本国憲法が保障する基本的人権は，大きく分けて，19世紀的な権利と20世紀的な権利の2種類からなる。前者は，中世の圧政から市民が受けた侵害経験から保障されるに至ったものであり，後者は，近代以降に資本主義の発展の結果として生じた不平等から保障されるに至ったものである。

これらの基本的人権の性格に関して，憲法は以下のように定めている。すなわち，憲法11条は，「国民は，すべての基本的人権の享有を妨げられない。」また，「基本的人権は，侵すことのできない永久の権利」であると規定している。さらに，97条は「この憲法が日本国民に保障する基本的人権は，……現在及び将来の国民に対し，侵すことのできない永久の権利として信託されたものである。」と規定する。なぜ，憲法によって保障された基本的人権は，「普遍性」「永久性」「不可侵性」を有するというのであろうか。

(a) **自然権説**

自然権説とは，「人権は，国家の成立や憲法制定以前の段階で人々が有していた自然権であり，憲法によってはじめて保障されたものではない」とする主

張である。そもそも国家は人々が有する自然権を守るために樹立したものであって，憲法は国家を形成する際の契約文書であり，憲法に規定された人権は，もともと人々が有していた権利を実定法化したにすぎないとする（社会契約論）。この説は，国家の存在意義を人権保障に求め，人権が憲法改正をもってしても奪うことのできない前国家的・前憲法的権利であるとする点で魅力的である。しかし，超実定法的な主張は説得力を欠く。その上，この説では，国家の存在を前提とする受益権（国務請求権）や社会権，選挙権などは人権ではないということになる。

(b) **人間の尊厳説**

そこで，今日の有力な見解は，人権は「人間がただ人間であることに基づいて当然に有する権利である」とする。人権とは「人間の固有の尊厳」に由来するものであるという。すなわち，個々の人間が自律的に生きていくために必要不可欠とされる権利が人権であると主張するのである。人権を承認する根拠に造物主や自然法を持ち出さずに「人間の尊厳」でもって説明しようとする点では自然権説より説得力があると思われる。

（2） 基本的人権の享有主体（外国人の人権）

憲法第3章は「国民の権利及び義務」について規定しており，国民が基本的人権の享有主体であることに疑いはない。それでは，国民以外の者，すなわち，わが国に在留する外国人（日本国籍を有さない者）の人権は保障されていないのであろうか。

最高裁は「いやしくも人たることにより当然享有する人権は不法入国者と雖もこれを有する」（最判昭25・12・28民集4・12・683）と述べて，外国人も基本的人権の享有主体であることを明らかにしている。しかし，憲法第3章に規定されるすべての権利が外国人にも等しく保障されているとは考えにくい。たとえば，参政権などが一時的旅行者にも保障されているとは考えられない。そこで，第3章に保障される権利の中にも，外国人にも保障される権利と外国人には保障されない権利があると考えられる。

(a) 文言説

文言説とは，憲法の条文に着目する説である。「すべて国民は……」とする規定と「何人も……」とする規定にしたがって，前者は国民のみを対象とするのに対して，後者は外国人にも保障されると考える。きわめて明快で裁判官の裁量を拘束し，予見可能性を与えるという意味では傾聴に値する。しかし，たとえば，憲法22条2項の国籍離脱の権利は「何人も」と規定されているが，外国人にも保障されている権利とはいえないであろう。そこで，今日の通説・判例は人権の性質に応じて適用（準用）の可能性を判断すべきであるとする。

(b) 性質説

最高裁は，マクリーン事件において「憲法第3章の諸規定による基本的人権の保障は，権利の性質上日本国民のみを対象としていると解されるものを除き，わが国に在留する外国人にも等しく及ぶものと解すべき」であるとして「性質説」に立つことを明らかにしている。その上で，外国人の政治活動の自由は「わが国の政治的意思決定又はその実施に影響を及ぼす活動等外国人の地位にかんがみこれを認めることが相当でないと解されるものを除き，その保障が及ぶ」としている（最大判昭53・10・4民集32・7・1223）。

性質説の立場からは，入国の自由や再入国の自由は認められない（森川キャサリーン事件，最判平4・11・16民集166・575）。しかし，出国の自由は認められる（最大判昭32・6・19刑集11・6・1663）。また，生存権などは国家に対する請求権という性格から認められないことになる。しかし，外国人といっても単なる一時的旅行者もいれば，永住権を持つ定住外国人もいる。国籍のみで一刀両断に判断するのは問題があろう。

(3) 私人による人権侵害

憲法の保障する基本的人権は，あくまでも国家（公権力）に対して保障される権利（公権）である。最高裁も憲法の諸規定が「もっぱら国または公共団体と個人との関係を規律するものであり，私人相互の関係を直接規律することを予定するものではない」という（最大判昭48・12・12民集27・11・1536）。しかし，人権侵害は何も国家権力によるものだけではない。今日では，大企業や労働組

合等のいわゆる「社会的権力」による人権侵害のほうが大きな問題となってきている。そこで，憲法の保障する人権規定を私人間にも適用させるべきであるという主張が登場する。この問題に関しては，不適用説・直接適用説・間接適用説がある（今日では不適用説を支持するものはほとんどいない）。

(a) **直接適用説**

直接適用説とは，「憲法規定は客観的価値秩序として，私人間にも直接的に適用される」という見解である。しかし，私人間は基本的には「私的自治の原則」が支配すべきであって，憲法の直接的適用はそれを大幅に制限する上に，私人間への国家介入を容易にするため，かえって危険であると批判される。

(b) **間接適用説**

間接適用説とは，私的自治の原則を尊重しながら，人権規定の効力拡張の要請を充たそうとするもので，「憲法規定は，民法90条などの司法の一般条項を通して間接的に適用される」という見解である。最高裁も，男女別定年制を定めた就業規則を「専ら女子であることのみを理由として……性別のみによる不合理な差別を定めたものとして民法90条の規定により無効であると解するのが相当である」とし，間接適用説をとる（女子若年定年制事件，最判昭56・3・24民集35・2・300）。しかし，間接適用説によると，常に微妙な利益衡量が要求され，ケース・バイ・ケースの解決とならざるをえないという問題がある。

5 人権各論

憲法第3章は，いわゆる「権利章典」にあたる部分で，全31か条から成り立つ。まず，10条は「日本国民たる要件は，法律でこれを定める」と規定し，人権享有主体たる国民の要件が立法裁量であることを明らかにしている。11条から13条までは，基本的人権すべてに共通するルールを定めた総則規定である。もっとも，今日の通説は，憲法13条を「包括的基本権」保障規定であると解する。14条以下では，個別の人権が保障される。これらの人権は，様々に区分することができるが，最も一般的な分類は，①平等権，②自由権，③参政権，④国務請求権（受益権），⑤社会権の5分類である。日本国憲法の「権

利章典」の特色の1つとして，社会権が保障されるに至ったという点があげられる。なお，義務については，納税の義務（30条），教育の義務（26条2項）および勤労の義務（27条1項，ただし，道徳的な義務にすぎない）の3つが定められている。

（1）幸福追求権（包括的基本権）

憲法13条で保障される「生命，自由及び幸福追求に対する国民の権利」は一般に幸福追求権と呼ばれる。当初，この規定は14条以下の個別の人権を総称するものであって，具体的な権利規定ではないと解されていた。しかし，今日では，他の条文にない「新しい人権」を保障する規定であると解されている（補充的保障規定説）。というのは，第1に，そもそも，憲法の人権規定は歴史的に重要と思われるものを列挙したにすぎず，これらに限定される必要はないと考えられること，第2に，社会経済の発展を経て，新しい型の人権侵害が生じてきたこと，にある。最高裁も「肖像権と称するかどうかは別として，少なくとも，警察官が，正当な理由もないのに，個人の容ぼう等を撮影することは，憲法13条の趣旨に反し，許されないものといわなければならない」と述べており，13条を根拠規定として肖像権を容認しているようにも解しうる（最大判昭44・12・24刑集23・12・1625）。

幸福追求権によって，ありとあらゆる自由が保障されるという説を「一般的自由説」と呼ぶ。しかし，ありとあらゆる自由が保障されるとすると，人権のインフレ化現象を招き，かえって憲法上の人権としての保障の意義を希薄化させることになりかねない。そのため，通説は，個人の「人格的生存に不可欠」と考えられるものだけが，幸福追求権によって保障されると主張する（人格的価値保障説）。これまでに最高裁が容認したとされるものに，肖像権やプライバシーの権利がある。

プライバシーの権利は，当初，「私生活を公開されない権利」という私法上の権利として主張されていたが，公権力による私生活への侵入に対しても保護の必要性があると考えられるようになり，憲法13条に基づく権利として主張されるようになった。さらに，情報化の進展した今日では，氏名や住所，生年

月日などの「個人情報」もプライバシーの権利による保護を受けるべきだとして，広く，「自己情報コントロール権」も包含すべきだと主張されるに至った。2003（平成15）年に制定された「個人情報保護法」は，自己の情報に関して開示・訂正・削除などを求めうる自己情報コントロール権を明言している。

また，プライバシーの権利から派生するものとして，自己決定権（私的な領域において公権力の介入なしに個々人の生き方を決定する権利）も主張されている。とりわけ問題とされているのが，延命治療を受けるか否かを自己決定する権利，いわゆる尊厳死に関わる自己決定権である。しかしながら，患者の権利を十分に保障していない段階での法制化には反対の声も大きい。

(2) 平 等 権

憲法はいくつかの平等規定（14条・24条・26条・44条）を設けているが，それらの原則規定となるのが憲法14条1項である。憲法14条1項は「すべて国民は，法の下に平等であって，人種，信条，性別，社会的身分又は門地により，政治的，経済的又は社会的関係において，差別されない」と規定する。

(a)　「法の下の平等」の意味

「法の下の」という文言からすれば，たんに法をすべての国民に平等に適用することを要求しているにすぎないと思える（立法者非拘束説）。しかし，法そのものが差別的な内容を有するなら真の平等はありえない。そこで，通説は「法の下の平等」とは法適用の平等のみならず，「法内容の平等」をも要求する趣旨であると解する。つまり，同条項は，法を執行する行政権・司法権を拘束するだけではなく，立法権をも拘束するものと考えられている（立法者拘束説）。

(b)　「絶対的平等・相対的平等」

ここにいう平等とは，法律上，いかなる別異の取扱いも禁止するという「絶対的平等」ではなく，事実上の差異を考慮して別異に取り扱うことを許す「相対的平等」を意味する。つまり，法律上「等しい人を等しく」扱わなければならないが，「等しくない人を等しくなく」扱っても，それが社会通念からみて合理的な根拠があれば許されるのである。たとえば，人種によって異なる処遇をすることは，概して合理性を欠くと思われるが，労働条件に関して女性を優

遇することなどは，一般に違憲とはいえないと考えられている。

最高裁は，刑法 200 条（1995 年改正前）尊属殺について，尊属に対する尊重報恩という道義を保護するという立法目的は合理的であるが，法定刑を死刑または無期懲役刑のみに限っている点において，その立法目的達成のため必要な限度をはるかに超え，普通殺に比して著しく不合理な取扱いをするものであって，憲法 14 条 1 項に違反して無効であると判示している（最大判昭 48・4・4 刑集 27・3・265）。尊属殺に重罰を科すこと自体は 14 条に違反しないが，法定刑が重すぎる点が不合理だという。

憲法 14 条は性別による差別も禁じているが，「世界ジェンダー・ギャップ報告書（Global Gender Gap Report）2017」によると，わが国は世界 144 か国中 114 位とされており，まだまだ男女平等な国とはいえないようである。

最高裁は，長年，民法 733 条の女性再婚禁止期間（180 日）を父性の推定の混乱を避けるための合理的区別として支持してきた。しかし，2015（平成 27）年 12 月 16 日，立法目的の合理性を認めつつも，その達成手段を 180 日とするのは，父性の推定の混乱を避けるに必要な 100 日を超過するものであって，超過部分は合理性を欠くとして違憲と判示した（最大判平 27・12・16 民集 69・8・2427）。さらに，民法 731 条は男 18 歳，女 16 歳の婚姻年齢を定めていたが，国際社会からの批判の声が多く，男女ともに 18 歳とすることになった。

また，国籍法違憲判決（最大判平 20・6・4 集民 228・101）および民法 900 条 4 号但書違憲判決（最大判平 25・9・4 民集 67・1320）は，いずれも，子にとって「自らの意思や努力によっては変えることのできない」父母の身分行為によって不利益を及ぼすことについては違憲の推定をはたらかせるべきだとする。そうであるならば，「自らの意思や努力によっては変えることのできない」性による異なる処遇に対しても違憲の推定を働かせるべきであろう。

（3）精神的自由権

憲法は精神的自由として，思想良心の自由（19 条），信教の自由（20 条），表現の自由（21 条），学問の自由（23 条）を保障している。19 条の思想良心の自由は「内心の自由」といわれ，「宗教上の信仰や体系的知識に準ずべき主義・

思想・世界観」を有する自由を意味する。21条の表現の自由は、これを外部に公表する自由である。信教の自由や学問の自由は、この両面を有するものであるが、これらが歴史上、弾圧の対象となったという経緯から特に保障されている。以下では、信教の自由と表現の自由をみる。

(a) 信教の自由と政教分離

20条1項前段は「信教の自由は、何人に対してもこれを保障する」と規定し、2項は「何人も、宗教上の行為、祝典、儀式又は行事に参加することを強制されない」とする。また、1項後段は「いかなる宗教団体も、国から特権を受け、又は政治上の権力を行使してはならない」、3項は「国及びその機関は、宗教教育その他いかなる宗教的活動もしてはならない」。さらに、89条では「公金その他の公の財産は、宗教上の組織若しくは団体の使用、便益若しくは維持のため、……支出……してはならない」と規定する。先に掲げた20条1項前段および同条2項は信教の自由（人権）の保障であるが、20条1項後段、同条3項、89条は政教分離（制度保障）規定であるといわれる。

（i）信教の自由　信教の自由とは、①内心において特定の宗教を信じ、または信じない自由、②宗教的行為の自由、③宗教的結社の自由の3つを意味する。

信教の自由は内心にとどまるかぎり、絶対的に保障される。しかし、問題は、それが外部的行為としてあらわれた場合である。もちろん、宗教的行為が他者の身体・生命を侵害するなど反社会的な場合には、保障は及ばない。最高裁も加持祈祷によって人を死に至らしめた行為は「信教の自由の保障の限界を逸脱したものというほかなく」、僧侶を傷害致死で処罰したことは憲法に違反するものではないとしている（最大判昭38・5・15刑集17・4・302）。では、他者の権利・利益を侵害せず、反社会的といえない場合には、宗教的行為は尊重されるべきであろうか。裁判所は、宗教的信念に基づく輸血拒否に対し、公的医療機関は輸血を強制すべきではないとする（東京高判平10・2・9高民集51・1・1）。また、宗教的信念から剣道の授業を拒否し、留年、退学とされた事件では、最高裁は、剣道実技が「必須のものとはいいがたく」、体育科目の目的は他の代替手段によっても達成可能であったことをあげて、学校側は単なる怠学のため

の口実であるか否かを「外形的事情の調査」によって確認し，宗教上の信条と履修拒否との合理的関連性が認められれば，レポート等の代替手段をとるべきであったとする。そして，そのような代替的措置をとっても政教分離原則に反するものではないとしている（最判平8・3・8民集50・3・469）。

　(ii)　政教分離原則（目的効果基準）　通説・判例は，この政教分離を直接に個人の信教の自由を保障したものではなく，いわゆる「制度保障」であるとする（津地鎮祭事件，最大判昭52・7・13民集31・4・533）。つまり，政治と宗教が結びつくと国家の破壊，宗教の堕落をもたらすことは歴史上明白であり，そのような反省のもとに政治と宗教を分離するという制度を採用したという。だが，政治と宗教を分離するといっても，どの程度の分離が要求されるのか。政治と宗教はお互いに一切かかわってはならないとする「厳格分離説」は，実際には不可能であり，かえって不合理な事態を生じる。最高裁も「政教分離原則は，国家が宗教的に中立であることを要求するものであるが，国家が宗教とのかかわり合いをもつこと全く許さないとするものではな」いとする。そこで，最高裁は，どの程度のかかわりあいが禁じられるのかを判断する基準として，「目的効果基準」を採用する。つまり，当該行為の「目的と効果」に鑑み，そのかかわりあいが「相当とされる限度」を超えるものが20条3項で禁じられた「宗教的活動」にあたるとする。この基準によれば憲法で禁じられた「宗教的活動」とは，「当該行為の目的が宗教的意義をもち，その効果が宗教に対する援助，助長，促進又は圧迫，干渉等になるような行為」であるという。かかる基準から，地方公共団体が地鎮祭を挙行することも，憲法で禁じられてはいないと判断している（前掲，津地鎮祭事件）。

　(b)　**表現の自由**

　(i)　表現の自由の優越的地位論　憲法21条1項は「集会，結社及び言論，出版その他一切の表現の自由は，これを保障する」と規定する。一般に，表現の自由は「優越的地位」を占める権利であるといわれる。つまり，人権に価値序列があると考え，表現の自由を代表とする精神的自由は，経済的自由に比して重要な人権であるとする。それゆえ，裁判所としては，表現の自由の規制が問題となっている場合には，経済規制立法の審査の場合より厳格な審査基準で

もって審査すべきであるといわれる（二重の基準論）。この優越的地位の根拠としてあげられるのが，①自己実現の価値（表現の自由に代表される精神的自由は，個人の人格形成に不可欠である），②自己統治の価値（表現の自由は民主政にとって不可欠である），③思想の自由市場（真実は国家が決めるものではなく市場の中で発見されるものである）である。

(ii) 表現の自由の現代的再構成　本来，表現の自由は，「送り手の自由」として保障されている。しかし，現代では，マス・メディアの寡占化という社会的状況のため，国民はもっぱら情報の受け手（聞き手）の地位を強いられるようになった。そこで，国民の権利として再構成するために，そもそも表現の自由が聞き手を前提としていることに注目し，その「送り手」と「受け手」のコミュニケーション全体を保障している，あるいは，聞き手の「知る権利」をも保障している，という解釈をとるようになってきたのである。

(iii) 報道の自由・取材の自由　表現の自由はもともと思想等の表現の自由として発展してきたため，事実の報道の自由がこれに含まれるかについて，ドイツでは議論があったが，わが国では学説・判例ともこれを含むと解している。最高裁は，「報道機関の報道は，民主主義社会において，国民が国政に関与するにつき，重要な判断の資料を提供し，国民の『知る権利』に奉仕するものである。したがって，思想の表明の自由とならんで，事実の報道の自由は，表現の自由を規定した憲法21条の保障のもとにあることはいうまでもない」と述べている。また，取材の自由については，取材の段階では，まだいいたいことも定まっていないとして否定的に解する見解もあるが，通説はこれを積極的に解する。最高裁も「報道機関の報道が正しい内容をもつためには，報道の自由とともに，報道のための取材の自由も，憲法21条の精神に照らし，十分尊重に値いするものといわなければならない」として，消極的ながらも肯定的な立場をとっている（博多駅事件，最大決昭44・11・26刑集23・11・1490）。

(iv) 名誉と表現の自由　刑法は，公然事実を摘示し他人の名誉を毀損した場合，その事実の真偽を問わず原則として処罰されるとし（刑230条），きわめて名誉を重んじている。ただ，その事実が公共の利害に関係し公益を図る目的でなされた場合には，その事実が真実であることを被告人側が証明できるとき

にかぎり処罰されないとし（刑230条の2），名誉と公的な表現の自由のバランスをとっている。しかし，真実性の証明は容易でないため，同条をもってしても，表現の自由に対する萎縮効果をもたらす危険性がある。そこで，最高裁は，真実でなくとも真実と「誤信したことについて，確実な資料，根拠に照らし相当の理由があるときは……名誉毀損の罪は成立しない」という解釈を施している（夕刊和歌山時事事件，最大判昭44・6・25刑集23・7・975）。表現の自由を尊重するアプローチとして評価しうる。だが，学説の中には，これでも不十分と考え，公務員等公人に対する名誉毀損の場合，「現実の悪意」をもって（虚偽であることを知りつつ）なされたことを検察側が立証しなければならないとするものもある。

　(v)　集会・結社の自由　　集会とは多数のものが一定の場所に集まることをいう。デモ行進等も「動く集会」として，表現の自由の保障を受ける。しかし，集会は多数者が集まるための場所を必要とし，行動を伴うこともあるため，他者の人権との調整が必要となる。そのため，公園や公道などのいわゆるパブリック・フォーラムであっても，利用の調整が必要となる。

　当初，最高裁は，公道上の集団行進に関して，届出制は許されるが一般的な許可制は許されないという原則を示した上で，明確な基準のもとに許可制を採用し，特定の場所または方法につき，公共の安全に対し明白な差し迫った危険が予見される場合には不許可とすることも許されるという立場をとった（新潟県公安条例事件，最大判昭29・11・24刑集8・11・1866）。しかしその後，最高裁は，許可制であって，許可が義務づけられており，不許可の場合が厳格に制限されているような許可制は実質において届出制と変わるところがないとして「許可制・届出制」の概念的区分を放棄し，集団行動の「暴徒化」の危険性から考えて，「場所のいかんを問わず」というような一般的制限もやむをえないとしている（最大判昭35・7・20刑集14・9・1243）。また，徳島県公安条例の「交通秩序を維持すること」という許可基準が「抽象的であるとのそしりを免れない」と批判しつつも，明確性を欠くものではないとして支持している（最大判昭50・9・10刑集29・8・489）。

　近年,特定の民族や国籍の人々を排斥する差別的言動,いわゆるヘイトスピー

チが社会的問題となっている。国連人種差別撤廃委員会等は、政府に対してヘイトスピーチへの対処を勧告してきた。しかし、憲法論からは、「行政権が表現に先立ち、内容を審査し、不適当と認めるときは、その発表を禁じる」ことは許されないと考えられる。一方でヘイトスピーチを許すべきでないとしつつも、他方では表現の自由を可能な限り制約すべきでないというジレンマに立たされた政府・国会は、「本邦外出身者に対する不当な差別的言動の解消に向けた取組の推進に関する法律」(2016年6月3日施行) を制定するにとどめている。

(vi) 検閲の禁止　歴史的にみて、表現の自由の保障は当然に「事前抑制の禁止」を含むものと考えられている。そのため、憲法21条2項前段の「検閲は、これをしてはならない」とする規定の存在意義が問われる。この規定は事前抑制の禁止をたんに確認したにすぎないとする説があるが、判例は、2項の検閲の禁止は、特に行政によって行われる事前抑制のみを指すのであって、それは絶対的な禁止だという。つまり、最高裁は、検閲を「行政権が主体となって、思想内容等の表現物を対象とし、その全部又は一部の発表の禁止を目的として、対象とされる一定の表現物につき網羅的一般的に、発表前にその内容を審査した上、不適当と認めるものの発表を禁止すること」と定義する(税関検査事件、最大判昭59・12・12民集38・12・1308)。

この定義にしたがって、税関検査で輸入禁制品に該当するとの税関長の判断は、検閲に該当しないとする。すでに外国で発表済みであること、税関検査が思想内容等の発表の禁止を目的としていないことを理由としてあげている(前掲、税関検査事件)。また、最高裁は教科書検定も検閲に該当しないと判断している。教科書として出版できないだけで、一般図書として出版することができる等の理由をあげる(最判平5・3・16民集47・5・3483)。

(4) 経済的自由権

憲法は経済的自由として、22条で職業選択の自由、29条で財産権の保障を定めている。通説・判例は、精神的自由の保障規定にはみられない「公共の福祉」の文言が、これらの経済的自由の保障規定にはあり、憲法が他方で社会権を保障しているという点にも注目する。

憲法22条は居住・移転の自由，職業選択の自由，外国移住の自由，国籍離脱の自由を保障する。居住・移転の自由と職業選択の自由が並列に保障されているのは，封建時代，領民は身分的拘束を受け，職業の選択の自由も居住・移転の自由もなかったからである。

22条に関しては，これを自己の生き方を決定するという精神的自由とみる説と経済的自由とみる説がある。通説は同条を経済的自由の保障と解しており，したがって，職業選択の自由のみならず，その選択した職業を遂行する自由（営業の自由）も同条によって保障されるという。最高裁も同条を経済的自由を保障したものと考え，経済的自由に対する「公共の福祉」による制限を容認したものと理解する。ここにいう「公共の福祉」による制限とは，たんに弊害を除去する「消極的警察規制」のみならず，福祉国家的理想のもとに社会経済の均衡のとれた調和的発展を企図して，すべての国民にいわゆる生存権を保障するための「積極的政策規制」を含む趣旨であるという（小売市場事件，最大判昭47・11・22刑集26・9・586）。

最高裁は，積極的政策規制の場合，社会経済の実態についての正確な資料を必要とし，社会経済全体の調和を考慮すべきであるので，裁判所は立法府の裁量的判断を尊重するのを建前とし，当該規制が「著しく不合理であることの明白である場合」にかぎって違憲とするという「明白の原則」基準によって審査することを明らかにしている（前掲，小売市場事件）。これに対して消極的警察規制の場合には，必要最小限の規制であるべきであって，「厳格な合理性の基準」によって審査を行うとしている（薬事法事件，最大判昭50・4・30民集29・4・572）。

（5）人身の自由

人身の自由は憲法18条および31条から39条において保障される。憲法18条は「何人も，いかなる奴隷的拘束を受けない。又，犯罪に因る処罰の場合を除いては，その意に反する苦役に服させられない」と定める。個人の尊厳を脅かす非人道的な自由の拘束を廃絶するための規定であり，したがって，このような自由の拘束は国家権力によるもののみならず，私人によるものであっても禁止されると解されている。

憲法31条は「何人も，法律の定める手続によらなければ，その生命若しくは自由を奪はれ，又はその他の刑罰を科せられない」と規定する。これは，国家の刑罰権が恣意的に発動されないように，適正な手続きにしたがって行使されることを要求する規定であり，31条以下の刑事手続上の人権保障の総則的規定であると解されている。32条以下は被疑者の権利，被告人の権利に分類することができる。

憲法は，まず捜査の過程における「被疑者の権利」として，不法な逮捕・抑留・拘禁からの自由（33条），住居の不可侵（35条）等を定める。たとえば，33条は「何人も，現行犯として逮捕される場合を除いては，権限を有する司法官憲が発し，且つ理由となっている犯罪を明示する令状によらなければ，逮捕されない」と規定し，司法官憲（裁判官）の発する令状を要求して，恣意的な逮捕を阻止しようとする。いわゆる緊急逮捕（刑訴210条）については，一般に合憲と解されている。

さらに，憲法は，「刑事被告人の権利」を保障するために，刑事裁判手続に関する諸規定（37条〜39条）を設けている。たとえば37条は，公平な裁判所の迅速な公開裁判を受ける権利（1項），証人審問権・証人喚問権（2項），弁護人依頼権，（3項）を保障し，38条は「自白強要禁止」（1項），任意性のない自白の証拠能力を否定する「自白排除の法則」（2項），任意性のある自白でも補強証拠を要求する「補強証拠の法則」を明らかにしている（3項）。

(6) 社 会 権

日本国憲法は，生存権（25条），教育を受ける権利（26条），勤労の権利（27条），労働基本権（28条）という社会権を保障する。社会権は，20世紀になって，特に社会的・経済的弱者を保護し実質的平等を実現するために保障されるに至った権利である。資本主義が高度に発展する中，富の偏在による社会的不平等が顕著となり，従来の自由権や平等権だけでは，すべての国民に人たるに値する生活を保障することが不可能となってきたからである。自由権が国家介入を排除する権利であったのに対して，社会権は国に一定の行為を要求するという性格を有する権利であるという特徴がある。

(a) **生存権の法的性格**

憲法25条1項は「すべて国民は，健康で文化的な最低限度の生活を営む権利を有する」と規定する。この条文は，その文言のみに注目すれば，国民に具体的な請求権を保障したものと解することができる（具体的権利説）。しかし，資本主義社会においては生存権を具体的に保障する経済的条件がなく，国が生存権を保障する場合にも，現実には国家財政の制約がある。それゆえ，同条項が具体的権利を保障したものと解することは困難であると考え，同条項はたんに国家に対する政策の目標を示したにすぎないとする主張がある（プログラム規定説）。だが，同条項を「たんに国家に対して政策の目標を示すだけ」と解すると，すべて立法裁量となってしまい，国会がまったく，そのための法律を制定しない場合でも，国民は裁判所で争うことさえできないことになる。そこで，同条項は，国会に対して生存権を具体化する法的義務を課していると解する説がある（抽象的権利説）。

(b) **生存権と裁判所**

最高裁は，朝日訴訟（厚生大臣の定めた保護基準が健康で文化的な最低限度の生活を送るには低すぎるとして争われた事件）において，保護受給権が一身専属的権利であるとして，原告死亡によって訴訟を終結させたが，「なお念のため」として，25条1項が「すべての国民が健康で文化的な最低限度の生活を営み得るように国政を運営すべきことを国の責務として宣言したにとどまり，直接個々の国民に対して具体的権利を賦与したものではない」とした。また，何が「健康で文化的な最低限度の生活」であるかの判断は「国の財政状態」など諸般の事情を考慮しなければならないため，厚生大臣の裁量に委されており，その判断は当不当の問題として政府の政治的責任が問われることがあっても，直ちに違法の問題を生ずることはない，と述べている（最大判昭42・5・24民集21・5・1043）。

6 参 政 権

憲法前文は「日本国民は，正当に選挙された国会における代表者を通じて行動」すると宣言している。そして，15条1項は「公務員を選定し，及びこれ

を罷免することは，国民固有の権利である」と定める。

（1）選挙権の法的性格

選挙権は権利ではなく，国家機関である選挙人団の一員として，議員を選ぶという「公務」に参加することであるとみる見解がある（公務説）。しかし，選挙権を公務として認めてしまえば，選挙に関する事項を定める際に国会に広い裁量を委ねることになるとして，選挙権をもっぱら権利としてとらえるべきだとする見解もある（権利説）。通説は，選挙権を公務であると同時に権利であるという（二元説）。

（2）選挙に関する原則

憲法は，国会議員の選挙資格（44条）および選挙区・投票方法その他の両議院の議員の選挙に関する事項は「法律でこれを定める」（47条）と規定し，国会に裁量を与えている。しかし，国会は，どのような内容の法律を制定してもよいというわけではない。① 普通選挙（15条3項等），② 平等選挙（14条1項等），③ 秘密選挙（15条4項），④ 直接選挙（93条2項）の諸原則にしたがわなければならない。この平等原則に関しては，議員定数不均衡の問題がたびたび争われる。

長らく，公職選挙法11条1項は，成年後見制度を利用する知的障害者などから，安易に選挙権をはく奪してきた。しかしながら，成年後見制度を利用していない知的障害者は選挙権を失うことがないのに対して，成年後見制度を利用している知的障害者は選挙権を失うという問題がある。また，能力により選挙権がはく奪されることを肯定するとしても，どの程度の能力が要求されているのかも不明確であるなど，同条項は違憲の疑いがあった。

2013（平成25）年3月14日，東京地裁が同条を違憲と判示し，ついに国会は「成年被後見人の選挙権の回復等のための公職選挙法等の一部を改正する法律」（2013年6月30日施行）を制定。成年被後見人となっても選挙権を失うことがなくなったのである。

7　国　会

(1) 国会の地位

国会は，憲法上，(a)国権の最高機関，(b)唯一の立法機関，(c)国民の代表機関という3つの地位を有する。

(a)　**国権の最高機関**

憲法41条は国会を「国権の最高機関」と位置づけている。しかし，三権分立との関係からいえば，内閣，最高裁判所も各々行政，司法の最高機関であり，各部門は対等であると考えられる。この点から，多くの学説は「最高機関性」の意味をたんに「政治的美称」にすぎないと考えている。すなわち国会が主権者たる国民によって選ばれた議員によって構成されていることから，国政の中心的な地位を占めるという国会の重要性を指しているにすぎないとする。

(b)　**唯一の立法機関**

さらに，憲法41条は，国会が「唯一の立法機関」であるとする。国会が「唯一の立法機関」であるというのは，①国会のみが実質的意味の立法権（国民の権利義務にかかわる法を制定する権限）を独占し，他の機関がこれを行うことを認めないという「国会中心立法」，②他の国家機関の関与なく国会の議決のみで立法権を完結的に行使するという「国会単独立法」の2つを意味する。①については，憲法は，例外として，両議院の議院規則制定権（58条2項），最高裁判所の規則制定権（77条1項），地方公共団体の条例制定権（94条）を，また，行政権が制定する政令や省令などは法律の委任がある場合（委任立法）と法律を執行するための場合（執行命令）にかぎって認めている（73条6号）。②については，1つの地方公共団体のみに適用される特別法にかぎって，その地域の住民投票を要求し，立法への関与を例外的に認めている（95条）。

(c)　**国民の代表機関**

憲法43条は，両議院が「全国民を代表する」議員によって組織されると定める。この全国民代表については，選挙された議員は個々の選挙区の代表ではなく国民全体の代表であって，選挙区の選挙人から委任を受けたり，選挙人に

対して法的責任を負ったりすることはないという「自由委任」を意味すると解されている。しかし，この考え方は，国民の意思と議員の意思との間の不一致を覆い隠すイデオロギー的主張にすぎないとの批判がある。

（2）二院制と衆議院の優越

　国会は衆議院と参議院の二院で構成される（42条）。衆議院の任期は4年であるが，解散された場合には，その期間満了前に終了する（45条）。参議院の任期は6年で，3年ごとに半数が改選される（46条）。二院制は通常，民選議員からなる下院と上院からなる。諸外国の例をみると，その上院の形態には大別して3つの種類がある。アメリカような連邦国家の場合，上院は「州代表」であり，イギリスのような君主国の場合，上院は国王の任命する貴族などからなる「貴族院」である。わが国の場合は，フランス第3，第4共和制のように「民選の第二院」である。しかし，民主政にとっては国民の意思を代表する機関は1つで足りるはずである。そこで，参議院の存在意義が問題となる。参議院には「理性の府」としての役割が期待される等の理由があげられているが，今日では参議院も政党化し，衆議院と同質化しており，その存在意義については議論がある。

　両院は同時に召集，開会，閉会され，活動も同時に行われるが（同時活動の原則），それぞれ独立して活動する（独立活動の原則）。衆議院が解散されたときは，参議院は同時に閉会となる（54条2項）。この原則に対する例外として，参議院の緊急集会が認められている（54条2項但書）。これは衆議院解散中，「緊急の必要があるとき」に対処するために定められたものであり，緊急集会を求める権限は内閣にのみ帰属する。

　衆議院には参議院よりも優越した地位が認められている。これは衆議院のほうが任期も短く，解散も認められているため，参議院よりも民意が反映されると解されているからである。衆議院には，①予算先議権（60条1項），②内閣の不信任決議権（69条）が認められている。また，衆議院の議決に優越を認めているものとしては，①法律の議決（59条），②予算の議決（60条），③条約の承認（61条），④内閣総理大臣の指名（67条）がある。法律上，①国会の臨

時会および特別国会の会期の決定，延長（国会13条），②会計検査院検査官の任命（会計検査院法4条）の議決に関しても衆議院の優越が認められている。

（3）国会の権能

憲法は，国会に，国民代表機関としての地位にふさわしい権能を与えている。(a)憲法改正の発議権，(b)法律の議決権，(c)予算の議決権，(d)条約の承認権，(e)内閣総理大臣の指名権，(f)弾劾裁判所の設置権，(g)財政の監督権である。

（a） 憲法改正の発議（96条1項）

憲法改正については，各議院の総議員の3分の2以上の賛成で，国会が発議し，これを国民に提案して，その承認を得なければならない。

（b） 法律の制定（59条）

衆議院で可決し，参議院でこれと異なった議決をした場合には，衆議院で出席議員の3分の2以上の多数で再可決をすれば法律は成立する。また，参議院が衆議院の可決した法律案を受け取った後，国会休会中の期間を除いて60日以内に議決しないときは，衆議院は参議院が否決したものとみなすことができる。

（c） 予算の議決（60条）

予算は，法律以上に迅速な成立が求められ，衆議院によりいっそう優越が認められている。予算案は，まず衆議院に提出され，参議院でこれと異なった議決をした場合には，両院協議会を開いても意見が一致しないとき，または参議院が衆議院の可決した予算案を受け取った後，国会休会中の期間を除いて30日以内に，議決しないときは衆議院の議決が国会の議決となる。

（d） 条約の承認（61条）

条約の締結権は内閣にあるが，「事前に，時宜によっては事後に」国会の承認を受けなければならない（73条3号）。その承認については予算の議決の規定が準用されるが，衆議院の先議権はない。

（e） 内閣総理大臣の指名（67条）

衆議院と参議院が異なった指名をした場合に，両院協議会を開いても意見が一致しないとき，または衆議院が指名の議決した後，国会休会中の期間を除い

て10日以内に参議院が指名の議決しないときは衆議院の議決が国会の議決となる。

(f) **弾劾裁判所の設置（64条1項）**
国会は罷免の訴追を受けた裁判官を裁判するため，両議院の議員で組織する弾劾裁判所を設ける。

(g) **財政の監督（83条）**
「国の財政を処理する権限は，国会の議決に基いて，これを行使しなければならない」と定める（財政立憲主義・財政国会中心主義）。

(4) 議院の権能
議院の権能とは衆議院と参議院が各々独自の立場で単独に行使する権能をいう。それには次のようなものがある。

(a) **議院の自律権**
両院が独立して権能を行使するためには，各々内部組織を整えたり，その権能の行使について他の機関から干渉を受けたりすることなく，自主的に決定することが要請される。

(i) 役員選任権（58条1項）　「役員」については，国会法は各議院の議長・副議長・仮議長・常任委員長・事務総長をあげている（国会16条）。

(ii) 議員の資格争訟の裁判権（55条）　議員の資格（「被選挙権があること」，「兼職禁止される職にないこと」）に関する訴訟については，憲法は，当該議員の所属する議院に裁判権を付与している。

(iii) 議院規則制定権（58条2項）　「会議その他の手続及び内部の規律」に関する事項を各議院の自主的な決定に委ねている。国会中心立法の例外である。

(iv) 議員の懲罰権（58条2項）　「院内の秩序をみだした議員を懲罰することができる」。懲罰の種類には，公開議場における戒告・陳謝，一定期間の登院停止および除名の4つがある（国会122条）。

(v) 議員の逮捕許諾権（後述 (5) (b)参照）

(b) **国政調査権**

憲法62条は「両議院は、各々国政に関する調査を行ひ、これに関して、証人の出頭及び証言並びに記録の提出を要求することができる」と規定する。この権能に関しては、国権の最高機関性を根拠に国権を統括するための権能であり、その範囲は無制限であるとする説（独立権能説）と、国会が有する諸権限を行使するためには情報・正確な認識を必要とされるため、それらの諸権限行使のための補助的権能であるとする説（補助的権能説）がある。通説・判例は後者をとる。

この調査権については、いくつかの制約がある。とりわけ司法権の独立という制約が問題となる。裁判所が審理の対象としている事実について、議院が裁判所と異なる目的で調査することは、司法権の独立を侵すことにはならないが、裁判内容の当否を判断するための調査は司法権の独立を侵害し国政調査権の範囲を逸脱する（浦和充子事件、昭24・5・20曹時1・5参照）。

(c) **内閣に対する不信任決議権**

衆議院が内閣不信任の決議案を可決、または信任の決議案を否決したとき、内閣は、10日以内に衆議院を解散しないかぎり、総辞職しなければならない（69条）。参議院も問責決議を行うことができるが、衆議院の不信任決議と異なり、あくまでも政治的な意味をもつにとどまる。

(5) **議員の特権**

議員が国会においてその職務を十分に果たせるように、憲法は議員に、(a)歳費請求権、(b)不逮捕特権、(c)発言表決の免責特権の3つの特権を付与している。

(a) **歳費請求権**

議員は「国庫から相当額の歳費を受ける」権利を保障されている（49条）。歳費の額は一般職公務員の最高額よりも少なくないものとされている（国会35条）。

(b) **不逮捕特権**

憲法50条は「法律の定める場合を除いては、国会の会期中逮捕されず、会

期前に逮捕された議員は，その議院の要求があれば，会期中これを釈放しなければならない」と規定している。この特権の保障は，① 議員の身体の自由を保障し，政府の権力によって議員の活動が妨げられないようにすること（議員の身体保障説），② 議院の審議権を確保すること（議院の活動保障説），の２つがあるといわれる。不逮捕特権の例外として，国会法は「院外における現行犯の場合」と「院の許諾がある場合」をあげている（国会33条）。前者の場合は犯罪事実が明確であり，後者の場合は院が逮捕理由の正当性を判断するため，不当な逮捕が行われるおそれがないからである。裁判所は逮捕理由が正当である以上，逮捕の許諾に際し条件や期限を付することができないとする（東京地決昭29・3・6判時22・3）。

(c) 発言表決の免責特権

憲法51条は「両議院の議員は，議院で行った演説，討論又は表決について，院外で責任を問はれない」と規定する。この規定の趣旨は，国会における議員の自由な職務遂行を保障することにある。したがって，免責の主体は国会議員にかぎられるが，その免責の対象については，「議院で行った」と規定されてはいるが，広く，院外での演説や職務行為に付随した行為まで含むと解されている。また「院外で責任を問われない」というのは，一般国民なら負うべき民事・刑事責任（たとえば損害賠償，名誉毀損罪など）を問われないということであり，議院の秩序を乱したとして院内で責任を問われることはありうる（58条２項）。この免責特権は国会議員のみに認められるものであり，地方議会の議員にまで認められるものではない（最大判昭42・5・24刑集21・4・505）。

8　内　　閣

憲法は「行政権は内閣に属する」と定める。アメリカのような大統領制国家では行政権は大統領という独任制機関に属するが，議院内閣制のもとでは，行政権は内閣という合議制機関に属する。この「行政」の意味については，国権のうち立法と司法を除いたものすべて，とする消極説が通説である。

（1）内閣の成立と構成

　内閣総理大臣は国会の議決によって指名され（67条1項），天皇が任命する（6条1項）。その他の国務大臣は内閣総理大臣によって任命され（68条1項），天皇がこれを認証する（7条5号）。こうして組織された内閣は，総理大臣とその他の国務大臣よりなる合議体の機関である（66条1項）。その人数については，内閣法が総理大臣および14人以内の国務大臣と定めている（内閣2条）。

（2）内閣構成員の資格

　内閣総理大臣およびその他の国務大臣の過半数は，国会議員でなければならない（67条1項・68条1項但書）議院内閣制を徹底すれば，国務大臣すべてが国会議員であることが望ましいが，国会議員以外であっても適正な人材を登用できるようにしたほうがよいと考えられたためである。また，内閣総理大臣その他の国務大臣はすべて「文民」でなければならない（66条2項）。そもそも，この規定は軍隊を文民統制下におこうとする趣旨の規定であり，軍隊を有しないわが国では「文民」の意味について争いがある。通説は，これまで職業軍人であったことがないものとするが，自衛官も文民ではないと解するのが妥当と思われる。

（3）内閣の職務

　憲法73条は，内閣に行政権の主体として行う行政事務を列挙している。①法律の誠実な執行と国務の総理，②外交関係の処理，③条約の締結，④官吏に関する事務の掌理，⑤予算の作成と国会への提出，⑥政令の制定，⑦恩赦の決定，⑧他の一般行政事務である。同条以外では，天皇の国事行為に対する助言と承認（3条・7条），最高裁判所の長たる裁判官の指名（6条2項），裁判官の任命（79条1項・80条1項），国会の臨時会の召集の決定（53条），参議院の緊急集会の召集（54条2項），予備費の支出（87条），決算の報告（90条），財政状況の報告（91条）がある。

(4) 内閣の責任

憲法66条3項は「内閣は，行政権の行使について，国会に対し連帯して責任を負ふ」と規定する。この責任は「政治的責任」であるが，憲法69条により，やむをえず引責辞任をする場合は法的責任であるとも考えられる。内閣は，「連帯責任」を負うのであるから，閣議と異なる意見をもつ大臣も，それを公表することは許されない。ただし，特定の国務大臣がその所管事項に関して，あるいは個人的理由によって個別責任を負うことは，憲法によって禁じられているわけではない。憲法は，その他にも，天皇の国事行為に対する助言と承認の責任も定めている（3条）。

(5) 内閣の総辞職

内閣は，その存続が適当でないと考えるならば，いつでも総辞職することができる。ただし，① 憲法69条により，10日以内に衆議院が解散されない場合，② 内閣総理大臣が欠けた場合（死亡した場合・辞職した場合・総理大臣となる資格を失った場合）（70条），③ 衆議院議員総選挙の後にはじめて国会の召集があった場合には，必ず総辞職しなければならない（70条）。総辞職した内閣は，「あらたに内閣総理大臣が任命されるまで引き続きその職務を行ふ」（71条）。

(6) 内閣総理大臣

明治憲法では「各国務大臣ハ天皇ヲ補弼シソノ責メニ任ス」と規定されており，各国務大臣は天皇に対して，各々単独で責任を負うものとされていた。それゆえ，内閣総理大臣の重要性も低く，他の国務大臣と対等な「同輩中の主席」にすぎないとされていた。日本国憲法は，内閣は国会に対して連帯して責任を負うと規定し，内閣の一体性を強く要求している。そこで，日本国憲法では，内閣総理大臣に「首長」としての地位を認め，内閣の一体性を確保させようとしているのである。そのために内閣総理大臣に与えられた権限には次のようなものがある。

(a) 内閣運営機能

閣議を主宰し（内閣4条2項），権限疑義が生じた時には閣議にかけ裁定する

(内閣7条)。任意に国務大臣を任免しうる (68条)。在任中の国務大臣の訴追について同意を与える権限を有する (75条)。この訴追同意権は，内閣の職務遂行を検察機関の不当な政治的圧迫から保護する趣旨であるといわれる。

(b) 内閣代表機能

内閣総理大臣は，内閣を代表して，議案を国会に提出し，一般国務および外交関係について国会に報告する (72条前段)。閣議にかけて決定した方針に基づいて，行政各部を指揮監督する (72条後段，内閣6条)。また，法律・政令に主任の国務大臣の署名とともに連署する (74条)。この連署の意味は，内閣が一体として制定責任・執行責任を負うことを示すためである。

その他法律で内閣総理大臣の権能とされるものには，① 緊急事態の布告・緊急事態の際の警察統制権 (警察71条・72条)，② 自衛隊の防衛出動命令権 (自衛隊76条1項)，③ 自衛隊の治安出動命令権 (自衛隊78条) ④ 裁判所による行政処分の執行停止に対する異議 (行訴27条) などがある。

(7) 議院内閣制

立法府と行政府との関係には様々な型がある。その主要なものは，① 立法府と行政府を完全に分離し，双方とも民選とする大統領制 (アメリカ)，② 行政府は立法府の一委員会として立法府によって選任され，その指揮に服する議会統治制 (スイス)，③ 議院内閣制 (イギリス)，である。

日本国憲法は，内閣の連帯責任 (66条3項)，内閣不信任決議権 (69条)，内閣総理大臣を国会が指名すること (67条)，内閣総理大臣および国務大臣の過半数が国会議員であること (67条・68条) などの規定から，議院内閣制を採用していることは明らかである。しかし，日本国憲法における議院内閣制が，イギリスのような均衡重視型か，フランス第3共和制のような議会コントロール重視型か，については明らかではない。憲法7条によって内閣が実質的な解散権を有するという慣行が成立しており，運用実態からはイギリス型ということになろう。

9　裁　判　所

（1）司法権の意義

　憲法76条1項は「すべて司法権は，最高裁判所及び法律の定めるところにより設置する下級裁判所に属する」と定める。この司法権については，明治憲法下においては，民事裁判および刑事裁判のみを意味するとされていた。行政事件の裁判については，通常の裁判所とは別系統の行政裁判所の管轄に属するものとされていたのである。しかし，日本国憲法は，行政事件の裁判も含めてすべての裁判作用を「司法権」として通常裁判所に属するものとしている。

　ここにいう司法とは，「具体的な争訟について，法を適用し，宣言することによって，これを裁定する作用」と定義される。この具体的な争訟とは裁判所法3条の「法律上の争訟」と同義であるといわれる。つまり，①当事者間の具体的な権利義務ないし法律関係の存否に関する争いであること，②法律を適用することによって終局的に解決することができるものであること，の2つの要件が充たされたものをいう。たとえば，法律上の争訟に該当しないものには，次のようなものがある。「具体的な事件性なく，抽象的に法令の解釈または効力を争う場合」（警察予備隊違憲確認訴訟，最大判昭27・10・8民集6・9・783），「単なる事実の存否，個人の主観的意見の当否，学問上・技術上の問題」，「信仰の対象の価値又は宗教上の教義に関する判断を要するような紛争または宗教上の地位の確認の訴え」（板まんだら事件，最判昭56・4・7民集35・3・443）。

　しかし，法律上の争訟に該当しても，その事柄の性質上，裁判所の審査が及ばないとされるものもある。①議院の自律権，②立法府・行政庁の裁量，③統治行為，④団体の内部事項に関する問題である。

（2）裁　判　所

　憲法は，最高裁判所と下級裁判所の2種類の裁判所の設置を要求している（76条1項）。法律で設置された下級裁判所としては高等裁判所，地方裁判所，家庭裁判所，簡易裁判所の4種類がある。特殊な身分の人や特別な性質の事件を

裁判する「特別裁判所」の設置は禁じられており（76条2項），明治憲法下におけるような軍法会議，行政裁判所のような司法裁判所の系列外の裁判所は設置することができない。かつて，家事事件や少年事件のみを扱う家庭裁判所が特別裁判所にあたり違憲であるとして争われたことがあるが，最高裁は「通常裁判所の系列に属する下級裁判所である」として違憲の訴えを退けている（最大判昭31・5・30刑集10・5・756）。また，憲法は，「行政機関は，終審として裁判を行ふことができない」と規定する（76条2項後段）。専門的な知識や経験を有する行政機関がその知識や経験に基づいて裁判する必要性も認められるため，行政機関が「前審」として裁判を行うことは許される。

(3) 司法権の独立

裁判が公正に行われ，人権の保障がまっとうされるためには，裁判官が外部からの干渉・圧迫を受けずに職責を果たすことが求められる。憲法76条3項は「すべて裁判官は，その良心に従ひ独立してその職権を行ひ，この憲法及び法律にのみ拘束される」と定める。司法権の独立の内容として，①司法府全体が立法権や行政権から独立していること，②各々の裁判官の職権の独立，の2つがある。

(4) 裁判官の身分保障

司法権の独立を確保するためには，裁判官の身分の保障を確立しておくことも必要である。そこで，憲法は，①裁判により，心身の故障のために職務を執ることができないと決定された場合（裁判官分限法），②公の弾劾による場合（裁判官弾劾法）によらなければ罷免されないとする（78条）。ただし，最高裁判所の裁判官に関しては，民主的コントロールを及ぼす必要から，国民審査も採用している（79条）。

(5) 裁判の公開

密室で裁判が行われるならば，公正な裁判の実現は危ぶまれる。そこで，憲法は「裁判の対審及び判決は，公開法廷でこれを行ふ」と定める（82条1項）。

ただし，憲法自身が認める例外的な場合には「対審」のみを非公開とすることを許容している（82条2項）。裁判を公開法廷で行うことの要求は，国民に裁判を「傍聴する権利」を保障しているとも考えられるが，最高裁は，「82条1項の規定は……各人が裁判所に対して傍聴することを権利として要求できることまでを認めたものではない」と解している（レペタ事件，最大判平元・3・8民集43・2・89）。

（6）違憲審査制

憲法98条1項は「この憲法は，国の最高法規であって，その条規に反する法律，命令，詔勅及び国務に関するその他の行為の全部又は一部は，その効力を有しない」と規定する。この最高法規性を確保するためには，国家行為の合憲性を判断する機関が必要である。憲法は「最高裁判所は，一切の法律，命令，規則又は処分が憲法に適合するかしないかを決定する権限を有する終審裁判所である」と定め（81条），裁判所にその役割を委ねている。

わが国の違憲審査制は，ドイツのような通常裁判所とは別個に設けられた憲法裁判所が具体的事件とかかわりなく法律の合憲性を審査する「抽象的審査制」ではなく，通常の裁判所が，具体的事件を解決する際に，その事件に適用される法律の合憲性を審査するアメリカ型の「付随的審査制（司法審査制）」であると解されている。その根拠として，①81条が「司法」の章におかれていること，②憲法裁判所に必要な手続等明文を欠いていること，③日本国憲法制定の経緯からして，アメリカの制度の影響を受けていること，などがあげられている。最高裁は，警察予備隊違憲確認訴訟（前掲）において「具体的事件を離れて抽象的に法律命令等の合憲性を判断する権限を有するとの見解には，……何等の根拠も存しない」と述べて，81条が付随的審査制を採用したものであることを明らかにして，訴えを却下している。

しかし，裁判所がこの司法審査権を行使して，国会の制定した法律を違憲と判断することは，裁判所が政治の領域に介入することを意味する。これは権力分立という点から問題ではないのか，あるいは，国民から最も遠い裁判所が，国民代表機関である国会の判断を覆すことが許されるのかといった問題が議論

され続けている。わが国の最高裁は，こうした批判を受けないように，いわゆる「司法消極主義」的態度をとっている。

10　地　方　自　治

憲法は「地方公共団体の組織及び運営に関する事項は，地方自治の本旨に基いて，法律でこれを定める」と規定している（92条）。地方自治を憲法上の制度として保障しつつも，その組織および運営に関する事項を法律に委ねている。しかし，法律でいかように定めてもよいのではなく，「地方自治の本旨」に基づいて定めなければならない。この「地方自治の本旨」には「住民自治」と「団体自治」という2つの要素がある。「住民自治」とは，その地域の住民の意思に基づいて行われること，という民主主義的要素であり，「団体自治」とは，国とは別個の団体の自らの意思によって行われること，という権力分立的要素である。憲法自身，「住民自治」の原則を具体化するために，住民に，地方公共団体の長，地方議会の議員の直接選挙（93条2項），地方特別法の住民投票（95条）を認めており，さらに，地方自治法は，条例の制定・改廃の請求（地方自治74条～74条の4），監査請求（地方自治75条），議会の解散請求（地方自治76条～79条），議員や長の解職請求（地方自治80条～88条）を認めている。また，「団体自治」の制度を具体化するために，憲法は，地方公共団体に，自主財政権，自主行政権，自主立法権を認めている（94条）。現実には「3割自治」と言われたように自治とは程遠いものであったが，2000（平成12）年に施行された，いわゆる「地方分権一括法」は，従来から問題視されていた「機関委任事務」を廃止するなど，まさしく憲法の要求する地方自治の実現に向けたものだといえよう。

参 考 文 献

【第1章】

我妻　栄『法学概論』（有斐閣，1974年）

末川　博 編『法学入門〔第6版補訂版〕』（有斐閣，2014年）

大隅健一郎 編『法学――現代生活と法律』（有信堂，1964年）

大西芳雄『法学ノート』（法律文化社，1965年）

尾高朝雄 著／久留都茂子 補訂『法学概論〔第3版〕』（有斐閣，1984年）

【第2章】

末川　博 編『法学入門〔第6版補訂版〕』（有斐閣，2014年）

大隅健一郎 編『法学――現代生活と法律』（有信堂，1964年）

林良平 編『法学――法のしくみと機能〔新版〕』（有信堂高文社，1983年）

大西芳雄『法学ノート』（法律文化社，1965年）

渡辺洋三『法とは何か〔新版〕』（岩波書店，1998年）

山上賢一 編著『現代の法学入門〔第4版〕』（中央経済社，2006年）

田中成明『法学入門〔新版〕』（有斐閣，2016年）

蓮井良憲・畑　博行 編『基本法学入門〔新版〕』（有信堂高文社，1997年）

中川　淳 編『新やさしく学ぶ法学』（法律文化社，2012年）

【第3章】

大西芳雄『法学ノート』（法律文化社，1965年）

高梨公之『法学〔全訂版〕』（八千代出版，1996年）

山田　晟『法学〔新版〕』（東京大学出版会，1992年）

伊藤正己・加藤一郎 編『現代法学入門〔第3版補訂版〕』（有斐閣，1999年）

エールリッヒ 著／川島武宜・三藤正 共訳『権利能力論』（岩波書店，1975年）

【第4章】

明石三郎『新民法読本』（法律文化社，1997年）

田中誠二『新編商業法規〔改訂版〕』（一橋出版，1992年）

志田民吉 編『社会福祉選書16　法学』（建帛社，2003年）

中川　淳 編『現代社会と民法〔改訂版〕』（有信堂高文社，2000年）

水野健司 ほか『目で学ぶ民法〔改訂版〕』（嵯峨野書院，2000年）

【第5章】
中川　淳『家族法読本〔改訂版〕』（法律文化社，1993年）
我妻　栄『親族法（法律学全集23）』（有斐閣，1961年）
明石三郎『新民法読本』（法律文化社，1997年）
松坂佐一『民法提要（親族法・相続法）〔第4版〕』（有斐閣，1992年）
小野幸二 編『親族法・相続法〔第2版〕』（八千代出版，2001年）
中川　淳 編『市民生活と法〔第3版〕』（法律文化社，2006年）
中川　淳 編『やさしく学ぶ法学〔第3版〕』（法律文化社，2006年）

【第6章】
中川　淳『家族法読本〔改訂版〕』（法律文化社，1993年）
中川善之助『相続法（法律学全集24）』（有斐閣，1964年）
明石三郎『新民法読本』（法律文化社，1997年）
松坂佐一『民法提要（親族法・相続法）〔第4版〕』（有斐閣，1992年）
小野幸二 編『親族法・相続法〔第2版〕』（八千代出版，2001年）
本城武雄・緒方直人 編著『親族法・相続法〔改訂版〕』（嵯峨野書院，2001年）

【第7章】
江頭憲治郎『株式会社法〔第7版〕』（有斐閣，2017年）
森淳二朗・吉本健一 編『会社法──エッセンシャル』（有斐閣，2009年）
前田　庸『会社法入門〔第12版〕』（有斐閣，2009年）
神田秀樹『会社法〔第20版〕』（弘文堂，2018年）
弥永真生『リーガルマインド会社法〔第14版〕』（有斐閣，2015年）

【第8章】
浅倉むつ子・島田陽一・盛　誠吾『労働法〔第5版〕』（有斐閣，2015年）
荒木尚志『労働法〔第3版〕』（有斐閣，2016年）
小畑史子・緒方桂子・竹内（奥野）寿『労働法〔第2版〕』（有斐閣，2016年）
菅野和夫『労働法〔第11版補正版〕』（弘文堂，2017年）
和田　肇・相澤美智子・緒方桂子・山川和義『労働法』（日本評論社，2015年）

【第9章】
清永敬次『税法〔第7版〕』（ミネルヴァ書房，2007年）
田中二郎『租税法〔第3版〕（法律学全集11）』（有斐閣，1990年）

金子　宏『租税法〔第22版〕』（弘文堂，2017年）
村井　正『租税法──理論と政策〔第3版〕』（青林書院，1999年）
森信茂樹『日本の税制──グローバル時代の「公平」と「活力」』（PHP研究所，2001年）
吉良　実『所得課税法の論点』（中央経済社，1982年）
中西　基『租税法と現代会計』（森山書店，2005年）
伊藤　洋『税金の実務教室──平成13年度版』（大蔵財務協会，2001年）
財務省ホームページ（http://www.mof.go.jp）
国税庁ホームページ（http://www.nta.go.jp）
税制調査会ホームページ（http://www.cao.go.jp）

【第10章】
木村亀二　著／阿部純二　増補『刑法総論〔増補版〕』（有斐閣，1978年）
福田　平・大塚　仁　編『講義刑法総論〔改訂版〕（法律学全集40）』（青林書院，1997年）
西原春夫『刑法総論』成文堂，1968年）
内藤　謙・西原春夫　編『刑法を学ぶ』（有斐閣，1973年）
内田文昭『刑法Ⅰ（総論）〔改訂補正版〕』（青林書院，2002年）

【第11章】
芦部信喜『憲法〔新版補訂版〕』（岩波書店，1999年）
佐藤幸治『憲法〔第3版〕（現代法律学講座5）』（青林書院，1995年）
松井茂記『日本国憲法〔第3版〕』（有斐閣，2007年）
戸波江二・松井茂記・安念潤司・長谷部恭男『憲法(1)・(2)』（有斐閣，1992年）
野中俊彦・中村睦男・高橋和之・高見勝利『憲法Ⅰ・Ⅱ〔第5版〕』（有斐閣，2012年）
畑　博行『憲法Ⅱ』（有信堂高文社，1998年）
長谷部恭男・石川健治・宍戸常寿　編『憲法判例百選Ⅰ・Ⅱ〔第6版〕』（有斐閣，2013年）

索　引

あ　行

赤字公債　126
朝日訴訟　157
あたえる債務　36
新しい人権　147
アリストテレス　4, 6, 8
委員会設置会社　91
イェリネック　11
育児休業　109
違憲審査制　170
遺　言　67
　　──の執行　68, 69
　　──の撤回（取消）　68
　　特別方式　68
　　普通方式　67
遺言書の検認と開封　68
遺失物拾得　34
一般歳出　123
一般予防主義　135
一夫一妻婚　44
委　任　34
違法性　132
イミッション　23
遺留分　66
　　──の意義　66
遺留分権利者　66
姻　族　42
ヴィノグラドフ　4
請　負　33
宇奈月温泉事件　24
営業の自由　95
黄犬契約　96, 117
応報刑主義　134
親会社　78
親子法　50

か　行

会計監査人　90
会計参与　90
解　雇　113
介護休業　110
外国人　144
　　──の人権　144
解雇予告　113
会社の機関　85
加　工　34
課税権　119
株　式　79
株主総会　87
株主平等の原則　81
株主有限責任の原則　79
仮釈放　134
関係説　10
監査委員会　91
監査役　89
監査役会　89
間接強制　36
間接雇用　98
間接税　122, 123
簡素の原則　121
カント　6
ギールケ　4, 8
議院内閣制　167
議院の権能　162
議員の特権　163
議決権制限株式　83
危険負担　31
基準説　10
偽装請負　102
基礎的財政収支　126
寄　託　34
規　範　7
基盤説　10

177

義務 25	行為の準則 8
客観主義 136	更改 32
休日振替 104	公開会社 78
教育刑主義 134	交換 32
共益権 81	公共サービスの財源調達機能 118
協議離婚 48	公共の福祉 92, 95, 154
強制規範 8	後見 56
強制性説 10	公権 17
共諾婚 44	国際法上の── 17
許可制 153	国内法上の── 18
寄与相続人の相続分 63	公債依存度 126
拒否権付株式 85	公債金 126
近親婚 45	公債金収入 126
金銭消費貸借 32	合資会社 76
近代的意義の憲法 139	公職選挙法 158
均等待遇の原則 111	公信の原則 31
勤労の義務 92	構成要件該当性 131
具体的権利説 157	公的扶養 58
計画年休 109	合同会社 77
景気調節機能 119	高年齢者雇用確保措置 113
経済の安定化 119	公平の原則 120
刑事被告人の権利 156	抗弁権 21
形成権 21	合名会社 76
契約 28	子会社 78
──の成立 28	国際的整合性 121
契約財産制 47	国債費 123, 126
契約自由の原則 28, 93	国事行為 141
契約不適合責任 30	国税 122
欠格事由 63	──の三大税目 126
血族 41	国政調査権 163
血族相続人 60	個人情報 148
第1順位者 60	個人的法益に対する犯罪 131
第2順位者 61	国会単独立法 159
第3順位者 61	国会中心立法 159
検閲 154	国家的法益に対する犯罪 130
厳格な合理性の基準 155	個別労働関係紛争解決促進法 117
原始規範 9	固有の意義の憲法 139
限定承認 65	雇用対策法 92
権利 15	婚姻適齢 45
──の社会性 27	婚姻の解消 47
権利濫用の禁止の法理 23, 93	婚姻費用の分担 47

根拠説　*10*
混　同　*32*
混　和　*34*

さ　行

罪刑法定主義　*129*
債権者代位権　*36*
債権者取消権　*36*
催告の抗弁権　*38*
再婚禁止期間　*45*
財産刑　*133*
財産権　*19, 28*
最低賃金法　*103*
裁判官の身分保障　*169*
裁判の公開　*169*
裁判離婚　*48*
債務者負担主義　*31*
債務償還費　*126*
債務不履行　*35*
採用の自由　*95*
裁量労働制　*107*
先取特権　*39, 104*
産前産後休業　*110*
自衛権　*142*
自益権　*81*
シカーネ　*22*
時間外休日労働協定（36協定）　*105*
時間外労働　*105*
時季指定権　*109*
私　権　*18*
時　効　*34*
私人間効力　*96*
私人による人権侵害　*145*
自然の法則　*7*
質　権　*39*
執行役　*91*
執行猶予　*134*
実　子　*51*
指定相続分　*61*
私的自治の原則　*93*
私的扶養　*58*

──の種類　*59*
支配権　*21*
司法権　*168*
資本維持の原則　*80*
資本金　*80*
事務管理　*34*
指名委員会　*91*
社員権　*20*
社会規範　*8*
社会的法益に対する犯罪　*130*
借地借家法　*33*
就業規則　*94*
宗教的行為の自由　*150*
自由刑　*133*
重　婚　*45*
住民自治　*171*
主観主義　*136*
取材の自由　*152*
取得条項付株式　*84*
取得請求権付株式　*84*
受忍限度論　*25*
種類株式　*82*
少数株主権　*81*
使用貸借　*33*
譲渡制限株式　*84*
譲渡担保　*40*
消費寄託　*34*
消費貸借　*32*
職業選択の自由　*95*
職務専念義務　*93*
所定休日　*104*
所定就業時間　*104*
所得・資産の再分配機能　*118*
所有権留保　*40*
所有物返還請求権　*35*
人格権　*19*
信義誠実の原則　*27*
親　権　*55*
　──の意義　*55*
　──の喪失　*55*
　──の内容　*55*

索　引　*179*

人事権	93	大憲章（Magna Carta）	129
親族関係の消滅（終了）	43	対抗要件	31
親族関係の発生	42	代襲相続分	62
親族の範囲	41	対象説	9
人的会社	77	代替執行	36
親　等	42	代表取締役	88
審判離婚	49	代物弁済	32
深夜労働	104	諾成契約	30
垂直的公平	120	弾劾裁判所	162
随伴性	38	単純承認	64
水平的公平	120	担税者	122, 123
ストレスチェック制度	112	担税力	118
請求権	21	団体自治	171
政教分離原則	151	単独株主権	81
正規労働者	98	地方交付税交付金	123
成年擬制	46	地方自治の本旨	171
成年後見	56	地方税	122
性別による差別	149	嫡出子	51
生命刑	133	抽象的権利説	157
世代間の公平	120	中立の原則	121
絶対権	19	調停離婚	49
全部取得条項付種類株式	84	直接強制	36
占有の訴え	35	直接税	122, 123
相　殺	32	直間比率	123
相続欠格	63	賃　金	102
相続人の廃除	64	賃貸借契約	32
相続人の不存在	65	貞操義務	46
相続の放棄	65	抵当権	40
相続分	61	典型契約	29
相対権	19	電子消費者契約及び電子承諾通知に関する民法の特例に関する法律	29
双務契約	29		
贈　与	31	添　付	34
租　税	118	当為の法則	7
──の意義	118	同居・協力・扶助の義務	46
──の機能	118	動産の善意取得	31
租税法律主義	120	動産の即時取得	31
租税民主主義	119	同時履行の抗弁権	30
存在の法則	7	到達主義	28
		統治行為	143
た 行		道徳規範	11
大会社	78	同盟罷業・ストライキ	116

特定高度専門業務・成果型労働制（高度
　プロフェッショナル制度）　106
特別裁判所　169
特別受益者の相続分　62
特別養子　53
特別予防主義　135
届出制　153
取締役　88
取締役および監査役の選任に関して，内容の
　異なる種類株式　84
取締役会　88

な行

内閣総理大臣　166
内閣の総辞職　166
内閣不信任　163
なす債務　36
二院制　160
日常家事債務の連帯責任　47
根抵当権　40
年次有給休暇（年休・有休）　109
納税義務者　122, 123
納税の義務　120
ノーワーク・ノーペイの原則　116

は行

パートタイム　99
配偶者　42
配偶者相続人　61
売買　30
派遣労働　101
発言表決の免責特権　164
発信主義　28
パブリック・フォーラム　153
パワーハラスメント　93
犯罪の成立要件　131
犯罪の類型　130
被疑者の権利　156
非正規労働者　98
被代位債権　36
非嫡出子（嫡出でない子）　51

非典型契約　29
非典型担保　40
夫婦間の契約取消権　46
夫婦同氏　46
夫婦別産制　47
不完全履行　35
付従性　38
不逮捕特権　163
普通税　123
普通養子　52
物件　19
物権的請求権　35
物的会社　77
物的担保　39
不当利得　37
不法行為　37
扶養　58
扶養当事者　59
扶養方法　59
プライバシーの権利　147
プライマリーバランス（P.B.）　123, 126, 127
フレックスタイム制　107
プログラム規定説　157
文民　165
ヘイトスピーチ　153
変形労働時間制　106
弁済　32
片務契約　29
妨害排除請求権　35
妨害予防請求権　35
報酬委員会　91
法人格否認の法理　73
傍聴する権利　170
法定休日　104
法定財産制　47
法定相続分　62
法定利息　32
法定利率　32
法定労働時間　104
報道の自由　152
法と宗教　12

索引　181

法と習俗　*12*
法と道徳　*9*
保　佐　*57*
補充性　*38*
補　助　*57*
保証債務　*38*
母性保護措置　*111*
ホッブス　*4*

有期労働契約　*99*
有限責任社員　*77*
有償契約　*29*
有責性　*132*
優先株式　*83*
ユニオン・ショップ協定　*114*
養　子　*51*
要物契約　*30*

ま 行

埋蔵物発見　*34*
マタニティ・ハラスメント　*111*
未成年後見　*56*
みなし労働時間制　*107*
身分権　*19*
民法90条　*146*
無期限転換申込権　*100*
無限責任社員　*76*
無主物先占　*34*
無償契約　*29*
無体財産　*20*
明白の原則基準　*155*
名誉と表現の自由　*152*
免　除　*32*
申込の誘因　*28*
目的税　*123*
持分会社　*75*

ら 行

離　縁　*53*
履行遅滞　*35*
履行不能　*35*
離　婚　*48*
　　──の効果　*49*
流質契約　*40*
留置権　*39*
領域説　*10*
累進課税制度　*118, 120*
劣後株式　*83*
連帯債務　*38*
労働安全衛生法　*112*
労働委員会　*117*
労働基準法（労基法）　*92*
労働基本権　*92*
労働協約の規範的効力　*115*
労働協約の債権的効力　*115*
労働契約　*93*
労働災害　*112*
労働三権　*92*
労働者災害補償保険（労災保険）　*112*
労働審判　*117*

や 行

約定利息　*32*
雇止め　*100*
優越的地位　*151*

■ 執筆者紹介 （執筆順, ＊は編者）

＊三室 堯麿 （みむろ たかまろ）	近畿大学大学院非常勤講師	【第1章・第5章・第6章・第10章】	
浦川 章司 （うらかわ しょうじ）	近畿大学教授	【第2章・第3章・第4章】	
藤岡 靖史 （ふじおか やすし）	四日市大学講師	【第7章】	
濱田 太郎 （はまだ たろう）	近畿大学教授	【第8章】	
中西 基 （なかにし もとい）	大阪産業大学教授	【第9章】	
有田 伸弘 （ありた のぶひろ）	関西福祉大学准教授	【第11章】	

Horitsu Bunka Sha

新・法と現代社会〔改訂版〕

2008年9月20日 初 版第1刷発行
2019年3月31日 改訂版第1刷発行

編 者　三室堯麿
発行者　田靡純子
発行所　株式会社 法律文化社
〒603-8053
京都市北区上賀茂岩ヶ垣内町71
電話 075(791)7131　FAX 075(721)8400
http://www.hou-bun.com/

印刷：㈱冨山房インターナショナル／製本：㈱藤沢製本
ISBN 978-4-589-04006-0
Ⓒ2019 Takamaro Mimuro Printed in Japan

乱丁など不良本がありましたら、ご連絡下さい。送料小社負担にて
お取り替えいたします。
本書についてのご意見・ご感想は、小社ウェブサイト、トップページの
「読者カード」にてお聞かせ下さい。

JCOPY 〈出版者著作権管理機構 委託出版物〉

本書の無断複写は著作権法上での例外を除き禁じられています。複写される
場合は、そのつど事前に、出版者著作権管理機構（電話 03-5244-5088、
FAX 03-5244-5089、e-mail: info@jcopy.or.jp）の許諾を得て下さい。

学問の世界への第一歩〈18歳から〉シリーズ

●B5判・100〜120頁

水島朝穂 著
18歳からはじめる憲法〔第2版〕 ●2200円
18歳選挙権が実現し，これまで以上に憲法についての知識と問題意識が問われるなか，「憲法とは何か？」という疑問に応える。最新の動向をもりこみ，憲法学のエッセンスをわかりやすく伝授する。

宍戸常寿 編
18歳から考える人権 ●2300円
身近な事例や重要判例を題材にして，18歳のあなたに「人権」の大切さ，知っておくべきことを伝え，考えるきっかけをあたえる入門書。コラムやキーワード解説・資料でわかりやすさを追求。

米丸恒治 編
18歳からはじめる情報法 ●2300円
いま私たちはデジタル情報社会を生きている。情報にかかわる規範・規制などの法制度について，日常で遭遇する15のテーマを選び，法的素養がなくても理解できるようにわかりやすく概説。

潮見佳男・中田邦博・松岡久和 編
18歳からはじめる民法〔第3版〕 ●2200円
18歳の大学生が日常生活で経験しうるトラブルを題材に，該当する法律関係・制度をわかりやすく解説。民法の重要な骨格を提示し，巻末で民法の世界を整理，全体像を示す。

二宮周平 著
18歳から考える家族と法 ●2300円
家族の5つのライフステージごとに具体的事例を設け，社会のあり方（常識）を捉えなおす観点から家族と法の関係を学ぶ。学生（子ども）の視点で，問題を発見し，解決に向けた法制度のあり方を考える。

坂東俊矢・細川幸一 著
18歳から考える消費者と法〔第2版〕 ●2200円
日々の暮らしで直面する消費と法のかかわりについて，具体例を挙げて解説。消費者が「弱者」になることなく権利を行使できる「術」を提供。新たな動向や法改正をふまえた最新版。

道幸哲也・加藤智章・國武英生 編
18歳から考えるワークルール〔第2版〕 ●2300円
仕事を探し，働き，辞めるまでのさまざまな局面における基礎的知識と法的・論理的思考を習得する。法改正や新たな動向を盛り込む。各章末のQRコードを用いて理解度チェック問題に挑戦。

大塚 直 編
18歳からはじめる環境法〔第2版〕 ●2300円
環境法の機能と役割を学ぶための入門書。公害・環境問題の展開と現状を整理し，環境保護にかかわる法制度の全体像を概観する。初版刊行（2013年）以降の関連動向や判例法理の展開をふまえ，全面的に補訂。

五十嵐仁 著
18歳から考える日本の政治〔第2版〕 ●2300円
政治を見る目を鍛えるねらいのもと，私たちと政治の関係，戦後政治の展開と争点を豊富な資料を交え検証。政治改革，省庁再編，政権交代，3.11，改憲論等，昨今の政治動向も盛り込む。

―― 法律文化社 ――

表示価格は本体（税別）価格です